Jean-Michel Vernochet

Gauche vs Droite
La théogonie républicaine
de Robespierre à Macron

La guerre civile froide

« Prémonition de la guerre civile » Salvador Dali 1936

Jean-Michel Vernochet

Géopolitologue, journaliste et essayiste, Jean-Michel Vernochet est titulaire :
- ➤ d'une Maîtrise spécialisée d'Ethnographie - Sorbonne.
- ➤ Diplôme d'étude approfondie en Droit International du Développement - Université Paris IV Renée Descartes
- ➤ Diplômé d'Etude approfondie en Philosophie - Université Paris I Sorbonne
- ➤ Diplômé d'Etude approfondie en ethnologie - Université Paris VII Sorbonne

Publié par Le Retour aux Sources

www.leretourauxsources.com

© Le Retour aux Sources – Jean-Michel Vernochet - 2020

Avertissement

*Théogonie des déités incorporelles du panthéon républicain :
leur origine, leur généalogie ; constellation des idoles
peuplant le ciel de la démocratie universelle, athéiste et
totalitaire.*

Si les grands idéaux, Liberté, Égalité, Fraternité étaient restés ce
qu'ils sont et ce qu'ils doivent être, des idéaux et non ce qu'ils sont
devenus, des articles de foi et de loi, tout aurait été pour le mieux
dans le meilleur des mondes républicains. Hélas des fanatiques,
messianistes plus ou moins conscients, se sont mis en tête de faire
tomber du ciel sur le plancher des hommes ces *idéalités* qui
eussent dû y rester accrochées jusqu'à la fin des temps.

Descendues du firmament ces mythes allégoriques, que seuls des
déments peuvent avoir imaginé prendre au pied de la lettre, ne
sont arrivées sur Terre que pour y faire prospérer la décadence, la
décomposition des civilisations et l'enfer pour tous. Sauf peut-être
pour une poignée de *happy few* appelés de toute éternité à régenter
le monde et les hommes. Pensent-ils !

Article I de la Déclaration Universelle des
Droits de l'Homme de 1789

« Les Hommes naissent libres et égaux en droit »

Article I de la Constitution de 1958 Vᵉ République

« La France est une République indivisible, laïque, démocratique
et sociale. Elle assure l'égalité devant la loi de tous les citoyens
sans distinction d'origine, de race ou de religion »

PROLÉGOMÈNES I

O ù se situe M. Macron ? À gauche ou à droite ? Au centre introuvable et sans fond comme MM. Giscard et Bayrou ? Ailleurs ? Certes la gauche une fois aux Affaires est réputée gouverner à droite... et vice-versa. À ce titre beaucoup de citoyens ordinaires de bonne volonté se sont convaincus qu'en votant Macron celui-ci conduirait nécessairement une politique *plutôt de droite*. Autrement dit *réaliste*, économiquement plus libérale que libertaire au plan sociétal. Mais c'est un homme qui se réclame sinistrement (sinistre = gauche) du *progressisme* tout en se faisant élire grâce aux suffrages de conservateurs tétanisés par le spectre du *fascisme...* et la peur viscérale d'être suspectés d'une ces phobies honteuses prohibées par la tyrannie consensuelle ! Cela s'appelle un comportement de gribouilles. Nombre d'entre eux parmi les élus ou responsables politiques, ont en toute logique rejoint les rangs d'En marche après le second tour des législatives ! Encore ne s'est-il pas agi, au-delà de la ruée vers les sièges et les prébendes, ni tout à fait d'une trahison de leurs positions antérieures (soi-disant gaulliennes) ni d'un quiproquo idéologique, mais d'un simple réajustement des leurs positions antérieures, ou encore d'une redistribution des rôles sur la scène politique. Il est donc, à ce moment précis de notre histoire politique, plus que jamais loisible de s'interroger sur ce qui « *distingue la droite et la gauche de gouvernement ? Un même laxisme judiciaire, une même baisse des dépenses militaires, la même renonciation quant aux fondamentaux que l'école doit transmettre, la même croissance des dépenses publiques et sociales, la même hausse des impôts, le même laxisme migratoire, la même soumission aux minorités »*[1] ?

Redéfinir les concepts

Le doute s'explique ici aisément : les mots ne voulant plus rien dire, nul ne sait plus ce qu'être vraiment à gauche ou à droite. Aussi est-il urgent de redéfinir les concepts de base car si être de gauche consiste à prendre la défense prioritaire des classes populaires et à œuvrer préférentiellement pour leur bien-être, ce qui serait en principe le programme des socialistes, et bien, effectivement, sous cet angle M. Macron en est fort éloigné. Est-il classable à droite pour autant ? Plus ou moins parrainé par les pieuvres tentaculaires de la Cité et de Wall Street à l'instar des Justin Trudeau (Premier ministre canadien et nouvel intime du président français), des Yared Kushner (l'influent gendre et Haut conseiller de D. Trump) ou du dernier météore en date, le nouveau Premier ministre de la République d'Irlande, Léo Varadkar, métis homosexuel qui affiche une claire volonté (selon ses dires) « *de faire avancer l'Irlande* ». Vers où ? Nul ne sait, mais l'essentiel n'est-il pas de se mettre « En marche » à défaut de se ranger en ordre de bataille contre la montée des périls terroristes et les menées obscures des stratèges du chaos ? En tout cas l'Irlande pour gagner son indépendance aura sacrifié tant et tant de ses enfants… Tout cela pour en arriver là : tomber dans le Pot-au-noir d'un mondialisme

---

[1] Mylène Troszczynski. Bd.Voltaire 4 juin 2017.

fangeux. Là où nous conduit sire Macron au sourire carnassier qui plaît si fort aux dames.

Bref, M. Macron se dit un jour pour, un jour contre. Socialiste un jour, *Marcheur* le lendemain. Constatons qu'il aura eu le mérite de clarifier la situation et, si nous ne le savions déjà, de nous administrer la preuve que les soi-disant ennemis politiques, Socialistes *vs* Républicains, n'étaient en réalité que larrons en foire jouant la comédie, cela au moins depuis la chute du gaullisme. Faisant mime de se combattre pour mieux se partager les juteuses indemnités que verse à profusion la République, cette vache à lait !²

Concrètement, les projets politiques de gauche en général, et ceux de M. Macron en particulier, paraissent devoir confirmer la règle selon laquelle ces gens inclineraient plutôt à multiplier les effets d'annonce riches en promesses verbales qu'à tenir leurs engagements... toujours et en tous domaines, sauf évidemment en ce qui concerne la révolution pédagogique et la cession de notre patrimoine industriel à l'étranger. Projets, pour la partie non-dite, consistant, outre à contracter un endettement forcené, à déshabiller Pierre pour dévêtir Paul, et pire du pire, à faire croître le coût du travail sans aucun bénéfice pour les salariés, si ce n'est pour en faire à l'arrivée des chômeurs concurrencés par tous les nouveaux

---

² Le député centriste (Modem) Jean Lassalle, béarnais haut en couleur et grand redresseur de tort, fait à ce titre partie de ces vingt-quatre autres parlementaires astucieux qui se seraient rendus propriétaires de leur permanence sur les fonds alloués au titre de la fameuse réserve parlementaire. Rien d'illégal et sans enrichissement personnel, dit-on. Reste une pratique condamnable en soi.

serfs des ateliers à bas coûts du Tiers-Monde Monde et des pays européens moins « sociaux ».

Quant aux factions politiciennes de gauche (comme de droite, mais ce sont les mêmes) leur but essentiel se résume à davantage se prélasser dans les ors des palais de la République que de mouiller leur chemise au service du prolétariat, de la *France d'en-bas* et des *sans-dents*. Or la seule apparition de M. Macron aura eu l'immense mérite de faire s'évanouir, d'un seul coup, toutes les brumes illusoires entourant la fonction parlementaire... Car en un mot comme en cent, ce que la Gauche parvenue aux Affaires sait faire de mieux – *bis repetitas* - est de « *se goinfrer* »[3] comme le dit assez crûment l'ex candidat Mélenchon dans la vidéo qui l'a hissé à 20% des suffrages exprimés. Un chef d'œuvre de tartuferie pour un homme qui, professionnel de la politique, trotskyste lambertiste reconverti, ancien ministre de Jacques Chirac, vit et prospère depuis trois décennies au cœur du système.

Libéral à gauche toute

Pour revenir au sieur Macron vu sous l'angle *homme de droite* s'apprêtant à mettre en œuvre des politiques résolument *libérales* (à condition de réduire la droite à une restrictive dimension antisociale qu'elle n'a pas nécessairement sauf dans les stéréotypes habituels), cela pourrait n'être pas faux : l'exécution de son cahier des charges européiste (l'appellation « Europe » étant le faux nez et le vestibule du globalisme) conduira en effet à un peu

---

[3] https://www.youtube.com/watch ?v=RDTxeY7akNA

plus de délocalisations, de restructurations d'entreprises, de travailleurs détachés et de pression migratoire sur l'emploi.

De ce point de vue M. Macron n'est apparemment en rien de gauche au sens habituel. Une Gauche obsolète dont la philosophie profonde consistait jusqu'ici à faire périr le pays plutôt qu'à *dégraisser le mammouth* (l'Éducation nationale, industrie de l'analphabétisme au mirobolant budget) au grand préjudice de la sécurité intérieure et extérieure... ou pire à refuser mordicus d'entamer ou de rogner les *acquis sociaux* dans certaines branches privilégiées (étatiques ou paraétatiques) afin d'introduire un minimum d'équité entre les secteurs privé et public. Observons que beaucoup de ces *conquêtes sociales* n'ont plus aujourd'hui plus aucun sens, ces professions ayant évolué vers une pénibilité moindre grâce à l'automatisation... Les chauffeurs de locomotives ne doivent plus pelleter jusqu'à deux tonnes de charbon pour franchir 100 kilomètres comme au temps de la « Bête humaine » d'Émile Zola.

Mais il faut en sus avoir présent à l'esprit que les salariés et les classes laborieuses, du haut en bas de l'échelle (celles qui assurent l'assiette nationale de l'impôt), ne sont plus *à gauche* depuis un longtemps... Parce que ces classes productives ont compris depuis un certain temps qu'il s'agit maintenant de défendre bec et ongles le pré carré hexagonal. À l'inverse le cosmopolitiste Macron, grand défenseur du mondialisme déraciné, se situe sous cet angle à la gauche de l'extrême gauche... cela au sens littéral, Macron se trouvant placé sur le spectre idéologique au-delà du pitre *sansfrontiériste* Poutou et bien en deçà des faussement romanesques références bolivariennes du susdit Mélenchon. Des bolivariens sud-américains au demeurant plus proche des nationalitaires français qu'il n'y paraît. Car que veut et cherche le mondialisme ? L'effacement des frontières et partant des nations, la libre circulation générale y compris celle des ovules, des armes et des stupéfiants et *in fine* l'éradication de la famille en tant que cellule organisatrice et génitrice du corps social.

Le coup d'État institutionnel

Enfin Macron est présenté par certains spécialistes en pathologie mentale comme vaguement sociopathe. Or ce type de personnalité est excessivement persuasive : il est de toute évidence un *vendeur-né* ! Ce qu'avaient initialement perçu ses employeurs de la maison Rothschild. En prolongement, reprenons pour l'essentiel l'analyse du général Roure[4] : "L'élection présidentielle a été une manipulation ayant abouti à une forme particulièrement élaborée de coup d'État s'appuyant sur le suffrage universel, expression apparente de la volonté populaire. Mais il s'agit d'une volonté scientifiquement pervertie et orientée. À défaut de pouvoir s'affranchir de la façade électorale, il faut désormais truquer les élections grâce à une désinformation massive de l'opinion publique, ce qui devient possible quand le *système* se trouve propriétaire en totalité des médias et des instituts de sondage. Cette manipulation repose sur l'énorme puissance du cartel financiaro-médiatique du *CAC 40*. La démocratie authentique est également réputée trop dangereuse parce que pouvant amener au pouvoir des personnalités porteuses d'idées et de velléités aussi saugrenues que la défense des intérêts nationaux. Le nouveau président a donc été élu alors que l'immense majorité du corps électoral lui était

---

[4] Général Henri Roure, Secrétaire national pour les questions de défense au CNIP (Centre National des Indépendants et Paysans).

opposée, sinon hostile… Si les formes et les apparences de la légalité sont respectées, il est au final inutile de s'interroger sur le degré de légitimité d'un tel représentant du peuple". Ce qui revient à présenter Macron comme une sorte d'*artefact*, un produit de synthèse du savoir-faire, de la science et de l'art mercatique. Cependant cela ne signifie pas le moins du monde qu'un *fidéicommis* ne soit qu'un simple *fantoche*. En effet nous avons sans doute tout à craindre de ce « jeune prodige », un Mozart de la sérénade comme se complaisent à le présenter ses laudateurs, ayant carte blanche de la part des chefs coulissiers.

M. Macron est l'homme du ni-ni c'est-à-dire de rien

Dans un monde de plus en plus schizoïdique où le virtuel gagne chaque jour du terrain, beaucoup se font piéger. L'injonction impérative de voter Macron au deuxième tour n'entraînait, ne requérait en fait aucune véritable adhésion (ni *oui* ni *non*). George Orwell a décrit ce dispositif de « double pensée » dans son roman *1984*. Lequel se développe par le biais de cette « *novlangue* » qui fait cohabiter des réalités antagonistes et antinomiques ce qui interdit la représentation précise d'une chose, d'un fait, d'un événement[5]. La novlangue contredisant le réel (*le mal c'est le bien, le mensonge la vérité, la guerre est la paix*) inhibe tout jugement, ce qui entraîne une indifférenciation des divers éléments composant la réalité perçue. Le pouvoir séparateur, analytique du langage est alors annihilé par le caractère englobant d'une image ambivalente (et ambiguë)

---

[5] Nous sommes conviés à pratiquer une logique non aristotélicienne prospérant sur la négation du tiers exclus.

ainsi qu'il s'incarne dans le personnage de ce Monsieur NiNi.

Une figure intellectuellement quasi asexuée dans un registre équivalent à celui qui promeut vertigineusement l'indifférenciation sexuelle (si en vogue aujourd'hui). Une révolution épistémologique autant que sociétale – celle de la post-vérité, du relativisme, du subjectivisme, de l'équivoque et de la biunivocité - concoctée et théorisée naguère par l'École freudo-marxiste dite de Francfort. Celle-ci visait entre autres, à la déstructuration anomique (anarchie) de la Société par le libertinage et *in fine* par le communisme sexuel[6]... conduisant tout droit à la « Pornocratie » comme stade ultime de l'émancipation humaine et moyen de conditionnement[7]. Une visée inscrite en filigrane dès avant la Révolution française dans les

---

[6] Voir à ce propos les idées avancées du phalanstérien Charles Fourier (1772/1837) revues par Marcela Iacub (*femme de lettres* et ancienne partenaire sexuelle de l'érotomane Strauss-Kahn), laquelle milite en faveur d'un service sexuel public.
http://www.liberation.fr/societe/2012/09/28/pour-un-service-public-du-sexe_849619 28 septembre 2012 [cf. note 110]
& https://www.contrepoints.org/2013/03/10/117730-marcela-iacub-charles-fourier-et-le-service-public-sexuel.

[7] Günther Anders (1902/1992) « Die Antiquiertheit des Menschen » (*L'obsolescence de l'homme*) 1956. Page 122 : « Pour étouffer par avance toute révolte, il ne faut pas s'y prendre de manière violente. ... L'idéal serait de formater les individus dès la naissance en limitant leurs aptitudes biologiques innées. Ensuite, on poursuivrait le conditionnement en réduisant de manière draconienne l'éducation, pour la réduire à une forme d'insertion professionnelle. Un individu inculte n'a qu'un horizon limité et plus sa pensée se borne à des préoccupations médiocres, moins il peut se révolter... On mettra la sexualité au premier rang des intérêts humains ».

idéologies à vocation émancipatoires du genre humain fleurissant à l'âge des Lumières, et que dénonçait à la fin de sa vie (et avec virulence) l'inventeur du socialisme, Pierre Joseph Proudhon (1809-1865).

Pour nous résumer, comprenons que la Gauche d'aujourd'hui n'est plus celle qui sensément se préoccupait du bien-être des couches populaires en combattant l'égoïsme générique (et supposé *a priori*) des classes dites supérieures. D'abord parce les distinctions de classes se sont largement estompées. La Gauche, la gauche vraie, proactive, militante, conquérante et « En marche » est aujourd'hui d'abord essentiellement mondialiste (l'*internationalisme* trop connoté ayant été laissé au bord du chemin). Elle est sans attache, nomade, moderniste, jeuniste, métisse, athée et *progressiste* à tous crins, c'est-à-dire libérée de tous les préjugés d'antan qui fondait la société de nos aïeux... de tous bords.

Progressisme macronien vs socialisme jaurésien

Au bout du compte, la dernière révolution en date (ou rupture épistémique) se signale par une mutation des concepts et une redéfinition de la lutte des classes en abandonnant cette dernière au profit d'un antagonisme haut/bas (mais également urbains/ruraux, centre périphérie). Le socialisme s'efface dès lors derrière le culte du *Progrès* et d'une *Modernité* idolâtrée. Nous retrouvons ici, très fortement, l'idée de *marche en avant*, de *mouvement* contre l'immobilisme voire contre la marche arrière (rétrograde) des réactionnaires (désignés comme tels) dont le repli sur soi, la fermeture (par exemple le rétablissement des frontières matérielles ou morales) marque la « peur » de l'avenir et peur de l'Autre, qu'il soit étranger, homosexuel ou simplement différent.

Les partis dits extrémistes sont ainsi accusés de cultiver la Peur[8] par un refus irrationnel (qui serait aussi un calcul politique) de l'inéluctable devenir universaliste et transhumaniste. Une attitude recelant une affreuse absence de foi en l'humain et en son radieux avenir. Comportement *déplorable* (qualificatif utilisé par Mme Clinton pour désigner les électeurs de D. Trump) qu'il convient de combattre et de bannir. Le camp du progrès sera donc ouvert sur le grand large atlantique, et très au-delà. Il se veut résolument cosmopolite, la mixité étant la richesse par excellence (*de facto* le retour à l'indifférencié ou à *la soupe organique primitive*). Les mélanges sexuels, raciaux, culturels sont déclarés devoir permettre l'assomption de l'humanité et constituer l'acmé de la morale...

Les mots cul par-dessus tête

À nous par voie de conséquence d'ouvrir grand les yeux et de voir sous les oripeaux clinquants de la Gauche actuelle, les vieux habits de la folie messianique qui animait il y a tout juste un siècle, Lénine et Trotski, chantres de la Révolution mondiale et permanente. Tous deux associés à des banquiers de Londres, de Francfort et de Manhattan via Stockholm[9] (à l'instar de M. Macron aujourd'hui

---

[8] Peur qui se conjure, lorsqu'il s'agit de terrorisme ou de meurtres sordides, à grands coups de marches blanches, de lumignons constellant les trottoirs lavés des flaques de sang, de fleurs, de dessins puérils, d'ours en peluche et de concerts propitiatoires ou expiatoires. Et surtout de la condamnation ferme de ceux qui voudraient établir des relations de cause à effet et chercher les racines du mal.

[9] Les liens pourtant parfaitement documentés de Trotsky avec le banquier Newyorkais Jacob Schiff, sont aujourd'hui qualifiés de théorie conspirationniste forgée par la propagande de guerre. On pourra se

fidéicommis de la maison Rothschild) ils soutinrent avec forces massacres leur ambition d'instaurer le règne de la termitière humaine à échelle planétaire. Les mots ont changé, mais pas les projets, dussent-ils se cacher encore et encore sous des promesses de Paix universelle ou s'appeler maintenant *Gouvernance mondiale*. D'où l'importance et l'urgence vitale de redonner du sens aux mots si nous voulons échapper aux embûches sémantiques dont notre route se trouve semée.

Si nous voulons être en mesure de savoir et de comprendre vers quel abîme nous nous dirigeons... Ceci sans nous laisser ahurir par une confusion savamment entretenue des représentations et des notions dont la signification a été brouillée et pire falsifiée (à commencer par la distinction droite/gauche) afin de semer et d'entretenir une sauvage confusion dans les esprits. Nous devons finalement réapprendre à penser par nous-mêmes et pour cela, recommencer à faire l'effort salvateur de lire autre chose que des romans de *quat' sous*, de nous abreuver de slogans et de dévorer à satiété des *twitts McDo* prémâchés, prédigérés. Mélange toxique des genres dont se servait déjà au siècle dernier avec une virtuosité consommée François Mitterrand, suivant lequel, paradant au Parlement européen, « *le patriotisme serait l'amour des siens, tandis que le nationalisme serait la haine des autres* ». De nos jours même le patriotisme ne trouve plus même grâce aux yeux des censeurs, n'étant plus que l'expression d'un racisme ontologique qui serait la revendication d'une propriété exclusive de nos âmes.

---

reporter au livre, hélas souvent approximatif, de Victor Loupan « Une histoire secrète de la Révolution russe » 2017.

5 juin 2017

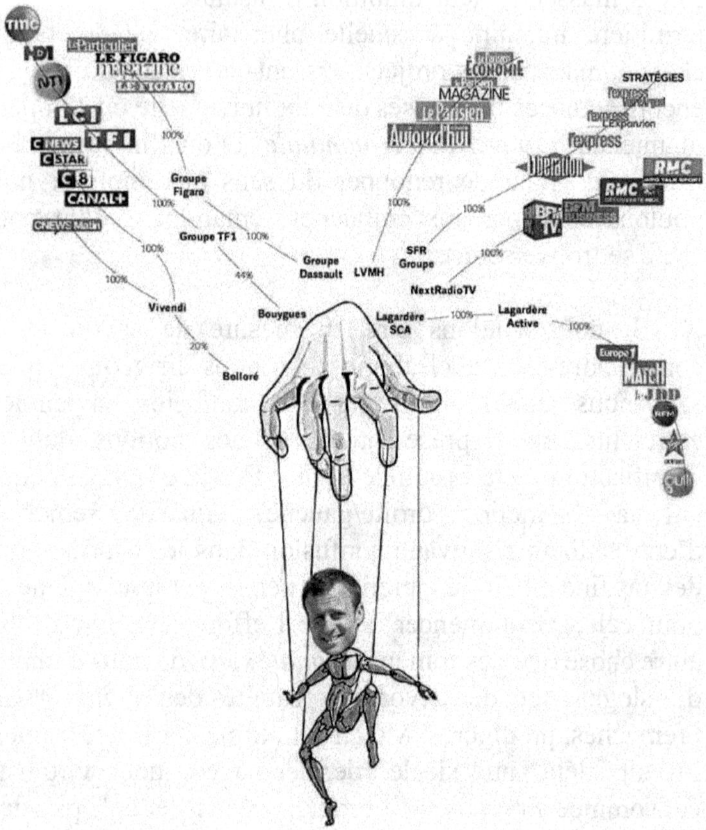
Groupe Figaro
Groupe TF1
Groupe Dassault
LVMH
SFR Groupe
NextRadioTV
Vivendi
Bouygues
Lagardère SCA
Lagardère Active
Bolloré
100%
44%
20%

PROLÉGOMÈNES II

L'époque est à la confusion... intellectuelle, politique et morale. Que veut dire aujourd'hui *"être de gauche... ou de droite"* ?[10] L'on parle maintenant à tout bout de champ de *"sensibilité de gauche"* là où naguère on se revendiquait *"progressiste"*. Encore que le mot *socialisme* se trouve à ce point dévalué que l'on songe maintenant à rebaptiser le Parti politique de ce nom galvaudé, en *progressiste*. Soit. La Droite s'étant déportée à gauche, se nomme quant à elle « Les Républicains ». Ce qui ne clarifie pas le débat pour autant.

Deux fourre-tout donc sans profondeur, c'est-à-dire sans réflexion ni conceptualisation, renvoyant à une brume de postures mentales fluctuantes et changeantes. Un renoncement à penser le réel dont l'avantage réside dans la capacité à pouvoir intervertir les contenus politiques et éthiques en fonction des besoins et des circonstances. Un

---

[10] En mars 2014, un sondage indiquait que quatre-vingt-dix pour cent des Français considéraient que « gauche » et « droite » *ne voulaient plus rien dire* ! Au même moment, un politicien de basse-cour expliquait sur la station publique France Inter que « *si la Gauche a échoué, c'est parce qu'elle n'était pas suffisamment à gauche* » ! Il eut été singulièrement intéressant que ce personnage expliquât ce qu'il entendait par *être plus encore à gauche* ?

moyen d'évacuer toute contradiction et d'intégrer la fluidité dialectique au cœur d'une anti-pensée doctrinale.

Quant aux extrêmes, à droite nous avons une désignation sans consistance autre qu'émotionnelle, utilisée à tort et à travers, moins pour désigner que pour stigmatiser et exclure ! Une bonne méchante raison pour refuser tout dialogue… au nom de la Tolérance ! Pour ce qui est du gauchisme et du néo-trotskysme, ce sont des appellations incontrôlées qui appellent, avec une impressionnante automaticité, à l'indulgence des autorités, notamment judiciaires, parce qu'auréolées d'un nimbe de romantisme révolutionnaire, d'une Liberté à la Eugène Delacroix, debout sur les barricades, la noble poitrine offerte aux balles impies de la Réaction.

Bref l'imagerie d'Épinal transmute les casseurs antifas, black blocs, autonomes, zadistes, no borders en paladins d'une pieuse croisade visant à rédimer le péché originel capitalistique. Leur réalité, passée comme présente, est tout autre, elle est d'essence totalitaire, mais nul n'en a cure. Aussi les démocraties dégénérées couvent-elles ces suppôts de l'enfer sur terre, à telle enseigne que l'on a vu trois représentants non repentis de la terreur thermidorienne, trois fils et fille naturels de Pol Pot se présenter en 2017 sur les écrans hexagonaux aux suffrages des électeurs. Français si vous saviez ?

Car si la *droite* se voulait adossée à des *valeurs* héritées du passé, la *gauche,* elle, est supposée se projeter dans l'avenir... D'un côté une *histoire froide* reflet d'un univers mental égocentré, de l'autre l'*histoire chaude,* le mouvement, la poussée vitale et des *lendemains* qui nécessairement doivent *chanter* pour tous. Le mal étant *in fine* ce qui fait obstacle à la création d'un monde sans *riches* ni *pauvres,* couple maudit jusqu'ici censé faire tourner le grand moteur de l'histoire sous couvert de *lutte des classes.* Malédiction qu'il convient de balayer par la force, *la fin justifiant tous les moyens*, en particulier les plus radicaux.

L'opposition entre les deux pôles droite/gauche incarne donc jusqu'à ce jour la guerre éternelle du *Bien* contre le Mal. D'un côté l'Homme nouveau, forcément jeune, surdiplômé, libéral-libertaire, urbain, habitant *branché* des métropoles, libre de préjugé, sachant jouir sans entrave ni temps mort, mobile, ouvert au monde et chantre du village planétaire. De l'autre, des *beaufs* ringards et des *bœufs* repliés sur eux-mêmes avec leurs stéréotypes hérités d'un passé obsolète, *peu éduqués,* l'esprit encombrées de vieilleries, statiques et sédentaires, en majorité ruraux ou provinciaux, à la mobilité intellectuelle ou physique réduite, hostiles et incapables de vivre le temps présent.

À ce titre, *l'Individu serait d'autant plus libre, original et créatif qu'il serait délié de tout héritage*[11]... Reste que la construction de la civilisation s'est effectuée grâce à une

---

[11] Bérénice Levet « Le crépuscule des idoles progressistes » 2017.

pérennisation de la transmission, singulièrement grâce à l'invention de l'écriture, et que la Révolution, fût-elle culturelle, numérique et postmoderne, à force de se vouloir *négation du passé* – « Du passé faisons table rase » *in* l'*Internationale* - en devient du même coup *négation du réel.*

Hélas le réel ne pliant pas devant l'idéologie, celle-ci n'a d'autre choix que de s'imposer par la violence et au mieux par la force injuste de la Loi... Parce que derrière le brouillard d'idées scintillantes du progrès tous azimuts, à l'arrière de l'idole moderniste, se profile l'ennemi de toujours en la personne du sceptique, l'empêcheur de danser en rond, le rabat-joie. Un *mécréant* qui refuse de se plier aux nouvelles normes morales – inversion de la morale traditionnelle – qu'impliquent par obligation l'*irréversible* transformation civilisationnelle.

À l'ouverture d'esprit des uns, à la foi dans la plasticité sans limites de l'humain, à l'égalité universelle des droits, à la déconstruction des hiérarchies, à la démocratie participative, à la *Solidarité*, au rôle central, sacralisé de l'*Éducation*, à la religion de la laïcité, à l'accueil inconditionnel de l'Autre, les réactionnaires opposeront l'Héritage, la loi et l'ordre, les hiérarchies, le mérite et les devoirs. Resterait à voir comment ces deux modes d'être s'articulent, cohabitent ou se conjuguent aujourd'hui au sein d'un monde devenu individualiste, consumériste et narcissique jusqu'à la perversité ?

L'idolâtrie de la Marchandise tend en effet à devenir maîtresse des âmes et des corps puisque désormais « être c'est jouir et jouir c'est consommer » *Esse est frui, fruique consumere* ... ou être consommé ? ! Autrefois Berkeley[12] avait arrêté qu'*esse est percipi* – être c'est être perçu ! Le cybermonde, virtuel et télévisuel, univers a priori sans transcendance où tout est matériel, sensible, palpable, immédiat, actualise cette sentence. Jusqu'à se percevoir soi-même et se contempler dans le super miroir d'images planétarisées dans l'instant.

La guerre idéologique du XXIe siècle, après avoir opposé *capitalisme* et *collectivisme*, fait aujourd'hui se confronter le globalisme, soit la République universelle, aux Nations et aux traditions... soit des confédérations de peuples relativement homogènes, soudées par une histoire, des mœurs et une vision du monde communes.

Cette bipolarisation à multiples visages n'est pas neutre. Elle s'accompagne et se développe (se propage) par le truchement de guerres inexpiables pour la domination mondiale. Mais qui ne s'avouent pas comme telles. Des conflits dont les objectifs réels ne sont jamais clairement énoncés, et pour cause ! C'est sous couvert de *démocratisation* (Irak 2003), au nom d'impératifs *humanitaires* (Yougoslavie 1999, Libye 2012), que des guerres asymétriques sont engagées, que des pays indépendants sont détruits et que sautent les derniers verrous de souveraineté. Mais nul ne songe à percevoir que la *démocratisation* ainsi imposée par la force au prétexte de libérer les peuples du joug ou de la tutelle de régimes autoritaires, ne vise en réalité que la dissolution des nations pour les fondre dans le grand chaudron mondialiste. C'est ainsi que le camp du progrès, de la modernité à échelle

---

[12] George Berkeley (1685/1753) « Principes de la connaissance humaine » 1710.

planétaire opposé aux tenants d'entités politiques constituées sur la base d'une homogénéité ethnoculturelle, s'est substitué à la bipartition classique droite vs gauche.

Que cette distinction n'est pas pour autant caduque, puisque ce sont les mêmes principes directeurs, la même *épistémè*[13], qui structurent ou organisent cette nouvelle configuration qui a simplement changé de cadre et d'échelle. La nation, champ de la Révolution des Lumières, n'est de sorte qu'une enveloppe dont il convient de se débarrasser comme le font les serpents de leur mue ou les arthropodes avec leurs exosquelettes devenus trop exigus. Néanmoins ce sera toujours le même concept que nous retrouverons à l'œuvre, comme la graine germée est un arbre en puissance, il s'agit bien d'un seul et même organisme.

Le plus extraordinaire est encore la perméabilité des esprits et l'*adhésion* – déjà par renoncement et surtout incapacité à trouver les moyens de contrecarrer la puissance de la submersion mondialiste – à l'extraordinaire rhétorique des *guerres justes*. Celle-ci impose, justifie et légitime des affrontements meurtriers du fort au faible au nom de la libération des peuples, de la démocratisation, de la fin des impostures aristocratiques odieuses en soi. Notons que les Révolutions emploient toutes les mêmes arguments. Que ce fut pour abattre la monarchie française ou l'autocratie tsariste. Deux pouvoirs au demeurant très affaiblis tandis qu'il a fallu deux guerres pour mettre à bas l'Irak et que les

---

[13] Dans "Les mots et les choses"1966 et "L'archéologie du savoir" 1968 Michel Foucault (1926/1984) décrit trois épistémès successives : la Renaissance, l'époque classique et l'âge moderne.

forces coalisées autour de l'Amérique-monde ne sont pas encore venues à bout du Baas syrien.

Soulignons à ce propos le caractère révolutionnaire de ces guerres qui se font au nom de la Liberté se donnant pour but de renverser – *regime change* - les oppresseurs et de leur apporter la Démocratie, autrement dit l'Égalité dans les droits. Droits extensibles à l'infini suivant la logique ultra libertaire de la philosophie sadienne.

Des *croisades* conventionnelles ou subversives que le Monde réputé libre conduit au motif d'ingérence humanitaire, qui sont nommément dite *philanthropiques*[14]. Lesquelles se soldent généralement par d'effroyables bains de sang versés toutefois pour la bonne cause.

---

[14] « Philanthrope » est le terme régulièrement utilisé pour qualifier des hommes tels Jacob Schiff, banquier qui finança le Japon en 1904 dans sa guerre contre la Russie impériale, puis la Révolution bolchevique par le truchement Léon Bronstein dit Trotski, ou George Soros, le financier des Révolutions colorées et des organisations *démocratiques* œuvrant au *regime change*... à l'instar des rebelles et terroristes *modérés* au service de leurs bailleurs de fonds dans les guerre du Levant.

PROLÉGOMÈNES III

L es idées sont aujourd'hui cul par-dessus tête. Bien malin disions-nous qui saurait expliquer, de but en blanc, ce qu'est être de droite ou à droite, et idem de ou à gauche. Vaguement, très vaguement l'on sait que ceux de gauche sont des *progressistes* ouverts au monde et à l'Autre impersonnel dans son indistinction, des *nomades* dans l'âme, avides de découvertes, de butinage et accessoirement *compassionnels*... cette dernière épithète s'étant substituée à l'altruisme et à la générosité, comme le *caritatif* et la *solidarité* ont remplacé la charité et l'amour du prochain. La charité était sans doute trop personnelle et, en tant qu'expression de l'être, engageait un peu plus que verbalement parlant et renvoyait à une vision religieuse. En prolongement la gauche prône l'*accueil* sans réserve, mais en se gardant bien d'accueillir directement chez soi. Les nobles intentions et les paroles ne coûtent évidemment pas cher quand ce sont les autres qui sont supposés en payer le prix. La gauche est *européiste*, autrement dit *mondialiste* et milite pour l'abolition des frontières récitant les mantras du libéralisme extrême, *laisser faire, laisser passer*, les marchandises, les personnes, les biens immatériels, sans restriction aucune. Quatre mots, quatre verbes suffisent – pour qui sait ce que parler veut dire – à condenser l'ordre du monde... un monde parfait où la société sans classe ni propriété coïncide parfaitement avec les finalités du *gros argent* apatride et anonyme.

Le rapport à l'argent

Sans nous étendre outre mesure sur ce thème, il n'est cependant jamais inutile de repasser la leçon et de replonger encore et encore sous la surface des choses pour sonder l'abysse... Les désordres climatiques d'une planète malade aux océans pollués et aux forêts ravagées, accompagnent la dégradation du climat social et l'expansion galopante des pathologies sociétales... Ce que nous pouvons vérifier au quotidien !

L'on sait – c'est un constat d'évidence que l'alpha et l'oméga de la distinction droite/gauche se situent dans le rapport à l'argent symbole et instrument de pouvoir : les méchants riches à droite, les pauvres vertueux à gauche... Ah s'il suffisait d'être pauvre pour être habité de toutes les qualités, être bon, fraternel et altruiste en tous temps et en tous lieux et avoir à perpétuité moralement raison ? ! Et si la richesse était dans tous les cas synonyme d'odieux égoïsme, d'exploitation d'autrui, de vol, de spoliation et d'oppression ? Sans doute cela se saurait-il depuis longtemps et le monde en serait simplifié d'autant. Nous saurions exactement quel camp rejoindre et où se trouve le *salaud* sartrien. Au demeurant chacun sait qu'une *sensibilité* de gauche n'est en rien incompatible avec l'adoration du Veau d'or, les exemples s'étalent sous nos yeux... Nous sommes loin de l'époque où Guizot[15] lançait

---

[15] La phrase que François Pierre Guillaume Guizot (1787/1874) prononça, possiblement en 1840 lorsqu'il assure la présidence du Conseil « *Éclairez-vous, enrichissez-vous, améliorez la condition morale et matérielle de notre France* ». Phrase ainsi passée à la postérité : « *Enrichissez-vous par le travail, par l'épargne et la probité* ».

à la Tribune son retentissant « *Enrichissez-vous* »... très explicitement *par le travail, l'épargne et la probité*. J'entrevois d'autre part un antagonisme foncier entre le culte de Mammon et la droite réelle, celle dite *des valeurs*, qui serait justement l'héritière de Guizot si tant est qu'elle existe encore dans l'actuel capharnaüm des idées et des mœurs... un champ d'épandage en passe d'envahir la totalité des domaines sémantique et social.

Deux *profils* donc, d'un côté la droite assimilée à une passion sordide pour l'argent et l'abus du pouvoir qu'il confère, et de l'autre, la gauche dotée d'une grâce ineffable, du *sens du partage* et de la science innée de l'égalité solidaire... surtout lorsqu'il s'agit de déshabiller Paul pour rhabiller Pierre ! Or nous voyons bien que ce distinguo *ne tient pas la route*, qu'il n'a jamais été vraiment ni consistant ni même convaincant. Notamment parce qu'il existe, pour commencer, une large *gauche* de l'argent dominante aujourd'hui, dite *caviar*, celle qui a *le cœur à gauche et le portefeuille à droite*, et une droite déliquescente depuis qu'elle s'est détournée de la « morale bourgeoise », du qu'en-dira-t-on et de la peur – même atténuée - de l'enfer. Une droite *libérale* qui se laisse chaque jour davantage gangrener par les idées de ses ennemis devenus ses concurrents et au pire, ses adversaires. De fait la marée monte peut tout submerger parce que les digues spirituelles et morales sont éventrées.

Injustice structurelle

Dans ce rapport à l'argent, le *peuple de gauche* se déclare victime d'une injustice structurelle pour ne pas dire ontologique ! Les classes populaires seraient en effet victimes d'une discrimination quasi essentielle. Par définition elles seraient spoliées de naissance, enfermées dans leur condition, dans leur classe, sans possibilité aucune de s'en extraire. Tel est le postulat de départ – certes implicite – de la lutte de classes imaginée sur le modèle de castes hermétiques et d'une stratification ethno-confessionnelle non-dite. Marx plaidait évidemment pour sa chapelle lui qui subsumait toutes les émancipations à celle du Genre humain. Dans ce schéma, l'effort, le talent, le courage, la volonté ne sont rien ou fort peu de chose pour s'arracher à la condition d'opprimé par destination, l'Égalité apparaît comme seule issue et devrait, de la sorte, être constitutive d'un *droit* de naissance. La pauvreté n'est jamais à ce titre une fatalité, un fait de nature ou ressortir de la libre responsabilité, mais devient un déni de justice que l'*on* peut – l'État – cependant corriger de façon volontariste... ce qui signifie en clair intervenir de façon autoritaire puisque les classes possédantes ne se laissent pas dépouiller sans renâcler voire sans se rebiffer !

Ainsi, par exemple, il s'agirait de supprimer la transmission patrimoniale, inégalitaire en soi puisqu'elle confère un avantage acquis par et dès la naissance. Il faudrait alors surtaxer toujours plus la transmission des biens ou du capital patrimonial, prioritairement celle des moyens de production à savoir l'entreprise. Car l'héritage, une monstruosité héritée de l'âge des ténèbres, conférerait un insupportable avantage[16]. Qui ne sait pourtant que cette

---

[16] Avantage de la naissance qui ne choque personne lorsqu'il s'agit des fils de vedettes de la chanson, du cinéma et du théâtre, de la politique ou de la presse, dont le seul talent n'explique pas les montées foudroyantes sur les podiums du succès. S'ils n'ont pas hérité de l'entreprise familiale et quel que soit leur talent, ils ont bénéficié des réseaux, des amitiés, des rétributions de leurs pères... voire des mafias auxquelles ceux-ci se trouvent liés. Un béotien de la pensée, le dénommé Bourdieu avait cru - et les victimes du tapage médiatique avec lui - avoir découvert la pomme de Newton en se gargarisant du concept de « reproduction » (sociale). À croire ce minus habens, les

politique à l'œuvre depuis des décennies a fait disparaître des myriades d'entreprises dont les héritiers ne pouvaient payer les droits de mutation. Perte sèche pour la richesse collective, mais aussi et surtout destruction d'un patrimoine immatériel inestimable de *savoir-faire*, non transmission des techniques et des *tours de main*, non enseignement de la discipline *du* et *au* travail, des anciens vers les nouvelles générations… l'ordre productif n'est-il pas ce que l'on nommerait aujourd'hui à bon escient une sorte de "culture d'entreprise". Or la culture se transmet ou meurt !

Qui ne sait par ailleurs qu'un patron, un vrai, grand ou petit, possède des dispositions naturelles, notamment de caractère, tel l'esprit d'entreprise et l'habileté professionnelle, lesquelles s'affirment avec le temps et s'affinent avec l'expérience. Sorti du rang, il est à son niveau un meneur d'hommes et rares sont les entreprises dont les ouvriers ont su s'associer durablement pour remplacer un patron disparu… À échelle supérieure les coopératives ouvrières échouent le plus souvent lors des reprises d'industries ayant périclité. S'il suffisait de liquider les cadres dirigeants pour faire marcher l'entreprise cela se saurait et les communistes auraient fait diriger leurs industries par des soviets et non par des *camarades patrons*.

Ajoutons parmi les inégalités héréditaires, la pire de toute, celle de la nationalité transmise par le *sang* et non par

---

gens de gauche répugnent à voir leur progéniture installée, lancée grâce aux *bénéfices* de leurs acquis sociaux et de leurs parcours existentiels. Sauf à ce que ces gens soient de grands demeurés, l'on voit bien ici que cette revendication de justice par le refus d'une transmission du statut social à travers les biens et l'influence sociale de leurs ascendants, n'est qu'une logomachie destinée à abuser les faibles d'esprit.

le *sol*. Une situation intolérable, surtout quand elle se double d'une dimension ethnique – le mot race étant dorénavant interdit par les ligues de vertus égalitaristes – comme s'est plu à le souligner avec la dernière véhémence le président Sarkozy à l'École polytechnique de Palaiseau, le 17 décembre 2008, en appelant à la discrimination positive et au métissage obligatoire... fût-ce par la contrainte. Diatribe qui restera dans les annales pour sa haine de la construction organique du corps social sur le labeur accumulé de générations successives.

Là comme ailleurs les gens de gauche sont de véhéments négateurs du réel, de la nature des hommes et des choses. Il faut être étrangement *dérangé* pour dénier à autrui la transmission des fruits de son travail alors que les mêmes *politiques* et gens d'appareils casent leur progéniture grâce à leurs réseaux relationnels. Qui peut nier que le monde et la civilisation ne se sont construits que dans une relative stabilité et continuité, notamment dans et par l'accumulation des savoirs, siècles après siècles ? Cela vaut aussi bien pour les récifs coralliens que pour le corps social qu'il est absurde de vouloir reconstituer en repartant de zéro à chaque génération[17]. Vouloir supprimer la transmission

---

[17] La gauche n'est forte que de nos faiblesses, notamment intellectuelles. Les "idées" de gauche ont depuis longtemps gangrené ou subverti la classe politique dite conservatrice qui les a adoptées en les respirant avec l'air du temps. Ainsi feu Yvon Briant (1954/1992) Secrétaire général du Centre National des Indépendants et Paysans (droite agrarienne), qui avait commencé sa vie comme chef d'entreprise, croyait-il mordicus qu'il était excellent que chaque génération repartît de rien et que la société fût agitée d'un perpétuel et rapide mouvement brownien. Une telle absence de profondeur vue laisse pantois – surtout de la part d'un agrarien - mais s'explique par le mode de fabrication de nos élites politiques poussant hors sol au sein de formations et mouvement où les seules qualités requises pour se

des traditions, des connaissances et des biens, revient à vouloir supprimer toute la richesse liée à l'adaptation évolutive[18] des temps géologiques, biologiques et humains. Les organismes vivent, se reproduisent et meurent suivant des rythmes et des lois qu'il est tragique de vouloir malmener ou transgresser inconsidérément. Les communautés humaines, ces organismes collectifs, suivent les lois générales du vivant.

Maintenant la *gauche* perdure en ces temps de crise en rameutant ses troupes au cri de « *les riches paieront !* ». Mais à force de *payer* les "riches" finiront eux aussi par devenir pauvres... quelle que soit leur richesse patrimoniale et alors ils ne seront plus en mesure de donner du travail à aucun demandeur d'emploi. Faut-il être demeuré pour ne pas comprendre ou vouloir oublier que ce sont les "riches", ceux qui entreprennent – nous ne parlons pas ici du "*travail de l'argent*" ni de la spéculation – qui, associés au travail salarié, sont les promoteurs de la richesse collective...

---

hisser au somment des hiérarchies sont antinomiques des dispositions utiles à l'appréhension du réel.

[18] En fait l'idéologie de l'égalité, édulcorée ou plutôt transposée en "égalité des chances" relève d'un darwinisme social primaire. Il s'agirait de corriger une loi, celle de l'évolution des espèces sous la pression sélective (la lutte pour la vie inter et intraspécifique), considérée comme unique moteur de l'histoire biologique. Un modèle corroborant la conception matérialiste de l'histoire. Est-ce la seule "sélection naturelle" qui, par essai et erreur, conduit les oiseaux à bâtir de savants nids ou les araignées des toiles complexes ? Cela resterait à expliquer et à démontrer. L'intelligence de la vie dépasse évidemment de loin ces très schématiques et naïves théories. Sans doute faudrait-il revenir à l'intuition lamarckienne de l'hérédité des caractères acquis, laquelle s'impose à tout observateur un peu attentif.

Réaction contre mouvement

De l'autre bord – nous n'osons plus dire à l'opposé - l'on est qualifié de *réactionnaire*. C'est-à-dire qu'à l'instar de certains décapodes, le *réac* est présumé, par une sorte de péché contre l'esprit, se déplacer exclusivement à reculons, à contresens de la flèche du temps. Inutile de préciser que le réactionnaire, passéiste par définition, rétrograde, est l'objet de tous les mépris haineux et de toutes les dérisions. La gauche *d'en haut* – qui dans le quotidien n'aime guère celle *d'en bas* qu'elle dédaigne, l'expression « les sans dent » chère à M. Hollande, résumant tout – n'utilise plus beaucoup le terme de "réac" pour désigner ceux qui ne la suivent pas dans toutes ses démissions, tous ses abandons de souveraineté, tous ces reniements et toutes ses trahisons (de la Constitution par exemple), on lui préférera l'inoxydable qualificatif de *fasciste* rehaussé de *négationnisme* si besoin est. Le crime contre la pensée par excellence.

Entrent également peu ou prou dans ce classement ceux qui renâclent à se reconnaître et à se vautrer dans l'emblématique série télévisuelle « Plus belle la vie » (autrement nommée *Poubelle la vie*), compendium de toutes les permissivités exaltées à l'ombre de la Tolérance. Plus chaude et onctueuse est la fange, plus le bonheur est grand n'est-ce pas ? ! On a vu, en juin 2005, lorsque le bon peuple – jobard mais pas tant que ça – ensorcelé par les sirènes de la réaction, n'a pas voulu se laisser embarquer dans cette drôle de galère qu'était à l'évidence le *"Projet de Traité constitutionnel européen"*. Assez sournoisement les commentateurs des médias de service public stigmatisèrent alors et à l'envi la France *arriérée*, celle d'un monde rural et provincial fermé et ignorant des promesses mirobolantes de l'Union européenne... Cela assené avec cette belle arrogance péremptoire qui n'appartient qu'aux pensionnés à vie de la manne publique.

Face aux demeurés, incultes et *peu éduqués* de la France profonde, se dresse la *"France qui bouge"*, celle qui regarde résolument vers l'avenir s'opposant à celle surannée, dépassée, ringarde des passéistes. Resterait à savoir de quel avenir européen il s'agissait ? En 2017 nous connaissons la réponse : chômage, guerres périphériques, terrorisme endémique, décomposition des classes dirigeantes et dictature du politiquement correct.

Nous ignorons aujourd'hui ce que sont les pensées intimes des anciens Gardes Rouges de la Révolution culturelle chinoise de 1967, mais s'ils ont un minimum de lucidité, ils doivent regarder avec une certaine perplexité le mariage de la carpe collectiviste avec le lapin hypercapitaliste. Tel est le sens de l'histoire après la disparition planifiée des classes sociales… Bref, la vermine réactionnaire occidentale, les souverainistes surannés, ceux que la Chine populaire envoyait par trains entiers en camp de rééducation, mérite-t-elle peut-être de connaître le sort des Albanais sous le règne du dernier marxiste-léniniste de stricte obédience, Enver Hodja, stalinien et maoïste ? Il conviendrait de leur offrir un Hexagone cerclé de barbelés, hérissé de postes de douanes et d'infranchissables barrières protectionnistes pour faire pièce aux flux de migrants bigarrés, à la camelote asiatique, au métissage culturel et autres, à la société plurielle, à toutes les recompositions familiales et raciales… jusqu'à en perdre haleine, jusqu'à l'étourdissement définitif et une totale perte de conscience identitaire.

La flèche du temps

La ligne de démarcation gauche/droite est aussi devenue une frontière géopolitique... éminemment révélatrice de ce que sont devenues nos sociétés après avoir largué toutes les amarres du bon sens et de la raison. L'un des arguments rédhibitoires contre Vladimir Poutine, président de la Fédération de Russie, est d'avoir fait passer une loi réprimant la « *propagande de l'homosexualité et de la pédophilie auprès des mineurs* », entrée en vigueur le 17 mars 2012[19]. Lorsque que cette disposition est évoquée sur un plateau de télévision, l'on sent passer un frisson d'horreur et de réprobation. Comment une telle chose est-elle seulement possible ? Personnellement nous n'avons jamais entendu quiconque demander naïvement, le pourquoi d'une telle et universelle réprobation. Car au regard de cet apparent consensus mondain sur le rejet d'un texte au demeurant plutôt anodin, il devient loisible d'interpréter *a contrario* cette violente hostilité de la médiacratie (à l'encontre d'une disposition de salubrité publique : la protection des mineurs), comme une approbation implicite de la pédomanie. Or si la société branchée *anti-poutinienne* s'avoue ici à demi-mot favorable à la pédophilie, il convient de souligner que les malheureux *réactionnaires* n'ont apparemment plus assez de force pour s'en indigner.

De là à dire que le marécage de la gauche, se réduit aujourd'hui à une mare remplie de batraciens s'accouplant

---

[19] C'est en application de ce texte que sera interdit la diffusion au moins de seize ans du dernier *chef d'œuvre* des Studios Disney, « La belle et la bête » dont certains protagonistes affichent sans équivoque leur homosexualité.

à qui mieux dans le plus joyeux pandémonium possible, il n'y a qu'un petit pas. L'acmé de la pensée de gauche n'est-elle pas la sexualité homo-bi-trans-*queer* [LGBTQ] sans gêne ni limites ? Mais aussi l'abolition de la délinquance par la fermeture des « centres de privation de liberté » par la dépénalisation progressivement totale de tous les crimes et délits ? Les ultimes punissables étant ces vils réactionnaires qui trouvent encore à y redire ? Les victimes quant à elles, sont invitées à passer leurs larmes et leurs douleurs par pertes et profits. D'ailleurs les victimes n'ayant déjà plus la force de réellement se venger, sauf virtuellement par le truchement des productions hollywoodiennes ou la loi du talion sévit à plein, elles n'ont plus non plus la force de se plaindre. Il ne leur reste plus que le courage des faibles, celui d'endurer. Tel est le programme jouissif de la gauche libérale-libertaire et libératoire de l'asphyxiant ordre moral *à la papa,* dont il devient urgent de faire, une fois pour toutes, table rase.

Résumons-nous. La gauche est réputée être tournée vers l'avenir, la droite vers le passé. Les clichés ont la peau et la vie, dures.

À l'origine du monde actuel, en 1793, la *Gauche* siégeait en haut et à gauche de l'hémicycle. C'eut pu être le contraire. À droite, les royalistes confits en arrogance et sertis de *science infuse.* Sur la *montagne* les esprits forts, les modernistes, les philanthropes, les révolutionnaires décidés à faire tomber les têtes des *ennemis du genre humain* pour mieux *faire du passé table rase.* Être de gauche, a contrario du droitier, c'est posséder une propension naturelle à la compassion, un sens du partage et de l'accueil, surtout s'il est subventionné sur fonds publics. D'ailleurs la prise en charge des plus démunis, des pauvres, des migrants, des *sans-papiers*[20] devient peu à peu un droit absolu en passe d'être inscrit dans le marbre de la loi. À partir de là nul ne songera plus désormais à parler de *secours,* ou d'*assistance,* puisqu'il n'y a plus que des Droits... à tout ! Le socialisme vu sous cet angle n'est pas un choix c'est une obligation morale, sociale, comportementale... et nul n'est censé, ici pas plus qu'ailleurs, ignorer ou transgresser la Loi. Une multitude de droits qui concrétise à présent le rêve fou d'un éminent socialiste révolutionnaire... lequel un siècle avant l'assomption de notre *meilleur des mondes* libre avait pensé et théorisé *"le droit à la paresse"*... et subséquemment au parasitisme social[21].

Car le seul défaut de cette idée mirifique est que cette majorité électorale *bénie,* vivant des subsides publics, ne s'épanouit forcément qu'aux crochets des derniers créateurs de richesses. Tel est le génie de la Gauche, accuser d'exploitation et de spoliation ceux qui nourrissent *gratis pro deo* les prébendiers et clients du système ! Finalement la Gauche se résume à une *"sensibilité"* dont elle s'est arrogée le monopole. Un état d'esprit qui relève du flou le plus intégral, mais se connote des valeurs positives d'*ouverture,* de solidarité et de *tolérance.* Toutes qualités bien évidemment déniées aux gens d'en face. Des *valeurs* qui de toutes façons ne valent que parce ce que l'on en fait

---

[20] « Le Sanspapiérisme : Où sont les papiers des sans-papiers ? Anatomie d'une manipulation » de Luc Gaffié 2012.

[21] Paul Lafargue [1842/1911], socialiste gendre de Karl Marx, auteur de : « Le droit à la paresse » 1880. « *O paresse, mère des arts et des nobles vertus, sois le baume des angoisses humaines !* »... Noble maxime en vérité, mais dont la sagesse s'applique très inégalement parmi les hommes. Très éclectique Lafargue est aussi l'auteur d'un essai « La Circoncision, sa signification sociale et religieuse ».

et dans des circonstances bien précises. Expression par conséquent ridicule autant qu'absconse, d'abord parce que la Gauche prétendant incarner le culte de la Raison, cette *sensibilité*, la réduit à un état prélogique... autant dire « primitif » pour reprendre la terminologie du savant Lévy-Bruhl[22].

Définition d'étape... Être de droite consiste à ne pas adhérer à une idéologie, c'est-à-dire ne pas gober les chimères abstraites et irréalistes des bonimenteurs et des charlatans du temps des cerises ; c'est un effort d'adéquation au monde et à ses lois non transgressibles.

La nature de l'homme

Entre *gauche* et *droite*, la pierre d'achoppement, tient en la conception que les uns et les autres ont de l'homme, de sa nature – φύσις en grec, *natura* en latin - et au-delà, de l'existence impérieuse de lois régissant le monde tant animal qu'humain... À gauche domine la vision

---

[22] Lucien Lévy-Bruhl [1857/1939], cousin par alliance d'Alfred Dreyfus, socialiste et ami de Jaurès, il est l'auteur d'impérissables études telles : « *Les fonctions mentales dans les sociétés inférieures* » [1910] ou « *La mentalité primitive* » [1922] à une époque où la notion de "*races inférieures*" faisait partie du paysage ordinaire de la gauche en général et des socialistes en particulier. Voir Léon Blum qui le 6 juin 1889 déclarait à la Chambre : « *Nous admettons qu'il peut y avoir non seulement un droit, mais un devoir de ce qu'on appelle les races supérieures, revendiquant quelquefois pour elles un privilège quelque peu indu, d'attirer à elles les races qui ne sont pas parvenues au même degré de culture et de civilisation* ». La conversion à l'antiracisme pur et dur au lendemain de la guerre montre à quel point l'idéologie socialiste est inconsistante, opportuniste et versatile, épousant *dialectiquement* les idées qui sont les outils et les armes idéologiques du moment.

matérialiste d'un homme façonnable à volonté et à ce titre dépendant essentiellement de son environnement et de la qualité des *"pédagos"* mandatés pour lui inculquer les rudiments de la Matrice[23]. L'homme n'étant jamais responsable de ce qu'il est (un assassin est-il autre chose qu'*un pas d'chance* ?), il suffirait de le changer de milieu pour le transformer de fond en comble. L'application de cette thèse à l'enseignement primaire actuel en montre immédiatement le bien fondé. Si l'échec scolaire est si effarant, ne cherchez pas plus loin : c'est en raison d'un manque criant de moyens ! Position soutenue jusqu'aux confins de l'absurde par notre docte corps professoral qui, à la suite de Condorcet, imagine l'esprit humain malléable,

---

[23] « *Au sein de la Matrice nous baignons dans le liquide amniotique du mensonge* ». Les puissants se sont toujours employés à écrire l'Histoire. Or l'hyperpuissance du Système – lequel s'incarne dans le Bloc euratlantiste – est d'abord *communicationnelle*... capacité à façonner et à créer *en temps réel* faits et événements en fonction de ses besoins d'influence et de domination... « *Nous sommes un empire maintenant, et lorsque nous agissons, nous créons notre propre réalité* ». *Dixit* Karl Rove, conseiller de GW. Bush, dans une conversation de l'été 2002 rapportée par Ron Suskind dans le New York Times le 17 oct. 2004 peu avant l'élection présidentielle. Durant l'hiver 2003 l'Amérique construisait ainsi, comme lors de la conquête spatiale, sa « *réalité sur mesure* » pour sidérer la Communauté internationale, légitimer et lancer son invasion de l'Irak. La fable inventait des armes de destructions massives et une opération salvatrice, libératrice d'un pays en proie à une sauvage dictature. L'application à la politique d'une disposition mentale qui fait de l'affabulation un outil et une arme létale en ce qu'elle s'affirme - grâce à l'hybris [*chuztpah*] qui en est le vecteur - comme plus réelle que le réel... « *Peu importe que ce soit vrai puisque moi, j'y crois... surtout si par obligation juridique et morale et vous êtes conviés sous peine de sanction à y souscrire* ». Stratégie sidérante du mensonge qui fit les riches heures, par exemple, du *Nobel* au tatouage controversé, Élie Wiesel.

façonnable et extensible à merci[24]... et qui cherche toujours les causes des déboires humains hors de lui-même... Jusqu'à l'arracher à toute fatalité héréditaire, à nier tout déterminisme phylogénétique (le *karma* des hindouistes) que le pécheur serait pourtant en droit d'invoquer afin d'y chercher des excuses à ses actes coupables.

On le voit le clivage droite/gauche se situe bien au-delà de simples conflits d'intérêts matériels. Il est aussi et surtout d'ordre *idéel*, il s'agit de différences marquées quant à la représentation du monde. Des visions du monde divergentes qui départagent des natures psychiques et connotent des tempéraments antagonistes : optimistes contre pessimistes[25] avec toutes les nuances intermédiaires. Fatalisme biologique de la condition humaine, tragique en son essence, contre le prométhéisme béat du progrès technique *ad libitum*. Le premier est un *réaliste* – à ne pas confondre avec matérialiste – pour lequel il faut connaître et reconnaître les lois *physiques* qui régissent la nature

---

[24] S'il suffisait d'augmenter mécaniquement le nombre de *personnels*, les crédits et le budget de l'Éducation nationale pour produire à la chaîne des Mozart, des Poincaré ou des Carrel, cela se saurait. Au lieu de quoi, plus l'empire pédagogique accroît son emprise et plus l'analphabétisme galope, aussi bien dans les catégories sociales dites *favorisées*. Cf. Nicolas Condorcet (1743/1794) « Esquisse d'un tableau historique des progrès de l'esprit humain » 1795.

[25] Le film américain « À la poursuite de demain » (2015) de Brad Bird (une publicité à peine déguisée pour les parcs Disney), décrit un monde pré apocalyptique en raison du développement incontrôlé de pensées négatives. Des robots humanoïdes sont envoyés depuis le futur pour sauver le monde de son autodestruction, avec pour mission de recruter de jeunes talents de toutes races, remarquables par leur volontarisme et leur optimisme, synonymes d'esprit créatif indemne de tout préjugé morbide.

humaine de façon tout aussi inflexible que les lois physiques régissent le cosmos. De ce point de vue la transgression des lois est au mieux exceptionnelle et transitoire et toujours illusoire : chassez la nature, elle revient au triple galop. Ce n'est pas parce que les comportements transgressifs ne rencontrent pas immédiatement leurs dures sanctions que celles-ci n'interviennent pas tôt ou tard…

Mais à gauche, pas question d'anticiper les conséquences puisque ce sont les *idées*, des formes imaginaires, qui gouvernent le monde, ce qui exclut toute relation de cause à effet lorsque l'on se projette de façon volontariste dans l'action. L'intention l'emporte alors sur les lois et contraintes physiques. Le désir prend le pas sur le réel. Dans les hideux dessins animés [*cartoons*] des années cinquante, certains personnages continuent de courir sur et dans le vide jusqu'à ce qu'ils s'aperçoivent de leur bévue et tombent comme des pierres. En outre, les possibilités hollywoodiennes de recréation d'un monde virtuel appliquées à la conquête de l'imaginaire collectif planétaire, sont à présent illimitées. Sur le papier, dans les discours, dans les boîtes à images, les combinaisons de chiffres, les prospectives mirifiques, tout marche… las ! La réalité est terrible et rebelle, l'horizon inaccessible.

Le réaliste s'efforce a contrario de garder le contact avec la dure matérialité du monde et se fait ingénieur s'il entend utiliser à son profit le principe d'Archimède… L'homme depuis les origines ne rêve-t-il pas de voler, mais pour s'affranchir de la pesanteur il a conçu des engins d'une formidable complexité… cela strictement en fonction des lois de l'attraction terrestre, de la résistance des matériaux, de la dynamique des fluides, etc. Pour changer l'homme – puisqu'il en est question une fois de plus dans les projets de réformes sociétales (telle la négation des surdéterminismes biologiques qui ressortent de l'enseignement du "genre") encore faudrait-il connaître les multiples lois biologiques qui le régissent et non recourir à de pseudo règles nées de délires névrotiques... tels le désir des théoriciens de la déconstruction sociétale et du retour à l'indifférencié et à la promiscuité primitive. Des déviants qui voient l'avenir de l'Homme dans le communisme du bon sauvage et la parousie édénique de l'humanité dans la termitière idéale[26].

L'homme de *droite*, soumis aux lois naturelles, simples et invariantes, fondations de l'ethos (règles que nous dictent le bon sens, l'intuition et l'instinct), se perd trop souvent dans la brume de ses nostalgies, oublieux du réel immédiat et particulièrement de l'art de la guerre. Parce que le servage physique est toujours précédé d'une abdication intellectuelle, spirituelle et partant de là, politique, l'*idéaliste* (celui qui admet des lois physiques non transgressibles sur un simple décret de la volonté) se montre volontiers dépressif, parce qu'il doute, étant constamment harcelé par la dictature du bien et le terrorisme intellectuel qui lui ouvre le chemin. Sachant que le bien en question n'est qu'un outil de sidération ne servant qu'à prendre le pouvoir, d'abord sur les esprits, puis sur les corps. L'homme de gauche est à ce titre l'opposé d'un réaliste c'est un pragmatique qui a fait sienne une conception *machinale* du monde et de l'homme selon laquelle, si l'on appuie sur le bon déclic, *cela doit marcher*. Cette

---

[26] Le phantasme de la fourmilière stade ultime de l'évolution a fait la fortune du plumitif Bernard Werber, lequel a vendu quelque 20 millions d'exemplaires de ses « Fourmis » paru en 1991. Voir l'œuvre d'une autre volée de Maurice Maeterlinck (1862/1949) » La vie des termites » 1926. Une réflexion d'une grande profondeur et intensité sur le monde animal et humain.

conception de l'homme, mécanique intelligente, animal machine, conduit à considérer que tout bipède est conditionnable sans limites et par suite, manipulable sans restriction. Dans cette optique, la conscience des hommes, les foules se manipulent et se *violent* à volonté comme le théorisait si bien en 1939 l'apatride binational franco-soviétique Tchakhotine[27].

Optimisme et progrès

À *droite* règne le pessimisme. Hors le principe transcendant d'*espérance*, le pessimisme réaliste est la norme dans la mesure où l'homme par le tragique essentiel de sa *condition* se voit assigner de gravir sans fin la pente existentielle... celle-ci étant d'autant plus escarpée que ses exigences morales sont plus élevées. Pour l'optimiste, à l'opposé, tous les espoirs sont permis car tous les hommes étant égaux, il peut, au cours de sa brève traversée des *grands cimetières sous la Lune* prétendre à tout. La Jérusalem terrestre lui appartient. Ayant fait du passé table rase, résolument tourné vers l'avenir et les *lendemains qui chantent*, n'ayant plus à traîner le fardeau d'un quelconque héritage civilisationnel. Certains rêvent du Grand soir, celui des *repues franches* quand sera arrivé la fin de *l'exploitation de l'homme par l'homme*. Mais comme il n'est plus comme autrefois temps de brûler allégrement, après les avoir pillés, les châteaux et les châtelains, il est aujourd'hui jugé plus expédient de dépouiller légalement autrui de son bien par des dispositions confiscatoires. La notion de "riches" – *les riches doivent payer* – s'étendant et

[27] Serge Tchakhotine (né à Constantinople en 1883 / mort en 1973 à Moscou) « Le viol des foules par la propagande politique » Paris 1939.

se diversifiant les politiques de *justice sociale* s'appliqueront bientôt à toutes les couches de la société encore productrices, assimilées à des privilégiés, nantis ayant eu la chance d'avoir, d'avoir trouvé ou d'avoir créé un emploi[28]. En effet la catégorie des nantis *taillables et corvéables à merci* ne cessant de s'étendre, il ne s'agit évidemment plus de ceux qui possèdent les *instruments de production*, mais de tous ceux qui sont assez arrogants pour gagner leur vie par le truchement d'un astreignant labeur. Bref tous ceux qui se trouvent a priori et à juste titre exclus du bénéfice des lois socialement altruistes caractérisant la gauche compassionnelle. Une façon d'asservir les foules laborieuses sous couvert de solidarité au profit des maîtres bureaucrates servants du système et de son idéologie (républicaine), l'exact équivalent de ce que dans le monde communiste totalitaire l'on désignait sous le vocable de cadres du *Parti*. Les nantis du régime étant alors ceux qui suivaient *perinde ac cadaver* la Ligne définie par le Bureau politique.

Modernité

Les réactionnaires rétrogrades, refusent le progrès en général, social en particulier. Sans que l'on sache très bien ce qu'est exactement ce progrès généralement confondu avec la nouveauté. Autrement dit avec la mode qui change

---

[28] Les sorbonnards de Mai 68 aujourd'hui aux commandes, se flattaient que : « *L'humanité ne sera heureuse que le jour où le dernier bureaucrate* [social-démocrate] *aura été pendu avec les tripes du dernier capitaliste* ». Plus poétiquement au XVIIIe siècle Voltaire citant le curé Meslier, déclarait : « *L'humanité ne sera heureuse que le jour où le dernier des tyrans aura été pendu avec les tripes du dernier prêtre* ». Heureuses formules et vaste programme !

au gré de l'humeur du temps et de l'ingéniosité des mercantis et de leurs publicitaires. La gauche est ainsi réputée être tournée vers l'avenir, la droite vers le passé. Mais n'est-ce pas a priori excessivement simpliste de décider que la droite (que nous nous efforçons ici de cerner) refuse toujours tout changement, ce dernier étant identifié au progrès ? Et certes le public est en mal de nouveauté, ce qui est *tout beau tout neuf* est forcément meilleur. De façon générale les bonimenteurs, batteurs d'estrade et autres charlatans – qui font rêver et *offrent le monde sur un plateau* – ont plus de succès que les adeptes de l'effort et de la raison.

Le progrès apparaît comme une masse nuageuse avançant inexorablement en engloutissant les rocs qui tentent de lui faire obstacle. En vérité là où l'autostrade du progrès passe, trop souvent en effet le paysage trépasse. Le progrès voulant que, la nature humaine étant foncièrement bonne et intrinsèquement généreuse, les crimes et délits soient de facto imputables, non aux *perpétrateurs,* mais à ceux qui veulent les retrancher du corps social allant dans cette occurrence à contre sens des progrès des *science sociales.* Lesquelles multiplient à l'infini les explications environnementalistes pour justifier l'injustifiable et au bout du compte exonérer le coupable de toute responsabilité. On comprend mieux l'optimisme et la foi (irrationnelle ou *contre empirique*) en l'humain de la gauche dès lors que l'on admet que les crimes et toutes les transgression de la loi et de la morale élémentaire, sont une invention des *réactionnaires.* Abolissons le vieux système, changeons la façon de percevoir le monde et les choses, brisons l'immobilisme, sortons d'un carcan institutionnel moyenâgeux et le mal disparaîtra de lui-même, comme par enchantement dans une humanité enfin *libérée* de ses chaînes.

Aujourd'hui, pour la gauche *libérale-sociale-démocrate* la priorité n'est plus d'abattre les citadelles de la finance globalisée (et *apatride,* mot hélas à présent connoté), que dénonçait avec grande conviction M. Hollande en 2012 pendant sa campagne pour la présidence, mais de conduire des réformes sociétales dont la finalité est de dissoudre le corps social pour le couler dans le moule de la République universelle, libertaire, égalitaire et unitaire.

C'est ce que Mme Taubira, Garde des Sceaux du gouvernement Valls, s'est employée à traduire dans les institutions : pour supprimer le crime il faut supprimer l'appareil répressif qui serait en fait le grand pourvoyeur du crime[29]. Pour ce faire il faut en supprimer l'utilité par la dépénalisation des crimes et délits *ordinaires.* Ainsi la boucle est-elle bouclée. Actuellement, dans les faits, seuls les individus particulièrement dangereux et multirécidivistes effectuent encore quelques courts séjours (par le jeu des remises de peines et du cumul des sanctions) dans les *lieux de privation de liberté.* Néanmoins les prisons débordent.

Notons que depuis des décennies, nombre de crimes (souvent atroces) ou d'actes de terrorisme sont perpétrés par

---

[29] Un intéressant retournement sémantique qu'affectionne l'ex candidat à la présidence Philippe Poutou au sujet des émeutes de Bobigny : c'est le maintien de l'ordre qui en soi est fauteur de violence. L'argument est apparu très tôt à propos des meurtres d'enfant à caractère sexuel : c'est la répression de la pédophilie qui entraînerait de facto la mort du corps du délit. De même, ce sont ceux qui luttent contre le terrorisme qui en sont les promoteurs, ainsi Damas est-il le vrai et seul coupable.

Voir : Lettre ouverte à Macron « M. le Président, maintenir Assad, c'est soutenir le terrorisme ». Libération 2 juil. 2017.

des sociopathes qui eussent dû être en détention au moment de la commission de leurs forfaits... mais que leur libération anticipée à remis en position d'exercer leur passion homicide. Ce qui infirme a priori l'équation répression = criminalité[30] ! Pourtant les idéologues persévèrent à vouloir supprimer le mot crime du vocabulaire juridique, pensant que de cette manière le crime lui-même (cette illusion d'optique, cette mauvaise interprétation sociologique) aura disparu. Dans l'ex Union soviétique, le crime étant impensable (car incompatible avec le *socialisme*), les délits de droits communs étaient considérés comme des délits idéologiques et politiques, des actes de sabotages ou de trahison du projet révolutionnaire[31].

---

[30] La prison serait l'école du crime et de la radicalisation islamique... Ce qui n'est évidemment pas faux mais qui revient à regarder les choses par le gros bout de la lorgnette. Car cela conduit nos négateurs des empiriques réalités élémentaires, à considérer que la suppression des geôles aboutirait à la disparition du crime. Or les peines de plus en plus légères ou non exécutées diminuent-elles la population carcérale hexagonale ? Au contraire celle-ci explose infirmant du même coup les raisonnements stupidement angéliques.

[31] Dans la Russie de 1952, un an avant la mort brutale de Staline (certainement assassiné), une fiction hollywoodienne retrace l'enquête qui aboutit à l'arrestation du tueur en série : Andreï Tchitikalo, meurtrier de 53 femmes et enfants entre 1978 et 1990. Avec justesse le récit note que la bureaucratie policière nie l'existence d'un tel meurtrier dont les actes sont impensables dans la patrie du socialisme. « Le crime n'existant pas au paradis » soviétique, l'homme à abattre n'est donc pas l'assassin, mais le policier qui le traque. La sortie du film en Russie prévue en avril 2015 s'est vue finalement opposée un veto. Le ministre de la Culture russe, Vladimir Medinski déclarait en manière d'explication : « *Ce n'est pas un pays, mais un Mordor rempli de créatures physiquement et moralement déficientes, une débauche sanglante où s'ébattent des anthropophages et des vampires* ». Et de

Le sociétal peut rapporter gros auprès de certains segments du corps électoral qui veulent toujours plus de permissivité et de laxisme. Le droit à la débauche remboursée dans ses conséquences fâcheuses (avortement libre et gratuit, prise en charge totale par l'État des morbidités liées aux comportements à risques, dépénalisation voire libéralisation de l'usage des stupéfiants (dont l'usage est déjà plus ou moins passé subrepticement dans les mœurs de certaines couches de la population). Autant de domaines où s'incarne l'idole Progrès, dressée dans toute sa splendeur *molochienne*, réceptacle d'un feu qui dévore chaque année de fœtus par centaines de milliers (220 000 avortements par an en France), sous le singulier prétexte de Liberté et de confort personnel... De ce point de vue, ne devrions-nous pas également moderniser notre regard et notre façon de penser si nous voulons réellement percevoir le monde tel qu'il est et non tel qu'on nous serine qu'il n'est pas au fin fond de la caverne de nos ignorances ?

---

conclure : » *C'est ainsi qu'est dépeint notre pays (des années 30 à 50), ce même pays qui a gagné la Grande guerre, a rejoint le peloton des nations leaders et vient d'envoyer le premier homme dans l'espace* » !

Francisco Goya 1797

« Le sommeil de la raison engendre des monstres »

L'idéologie nihiliste de la République Universelle

L'ère de la post-vérité

L e rapport au réel de la gauche, qu'elle soit pré mondialiste ou pro globaliste ne finit pas d'interloquer. Le réalisme des gens de gauche laisse à désirer chez des gens qui confondent leurs envies et leurs songes avec le possible, le faisable et l'opportun. Il est loisible à leur propos de parler de *négationnisme* dans leur rapport au réel en ce qu'ils font profession d'un relativisme systémique tout à fait saisissant avec son cortège de jugements entachés de subjectivité à des degrés divers. Chacun voit midi à sa porte. C'est dire que l'objectivité n'est pas leur fort mais tous *n'y voient que du feu* !

Pour mémoire et illustration, le joli conte de fée d'Herman Rosenblat, lequel « aperçut, de l'autre côté des barbelés, une silhouette qui se cachait dans la forêt de boulots. C'était une petite fille de son âge. Ses cheveux blonds autour de sa tête faisaient comme une auréole. D'un coup d'œil, Herman s'assure qu'il est bien seul, et appelle la fillette, en allemand : *S'il vous plait. J'ai faim...* La fillette le fixe et ne semble pas pouvoir détacher son regard des pieds du garçon, enveloppés dans des chiffons. Doucement, comme pour apprivoiser un animal sauvage, Herman répète sa question, en polonais cette fois.

L'inconnue semble comprendre puisqu'elle plonge une main à l'intérieur de sa veste et en sort une pomme qu'elle jette par-dessus la clôture… *Je reviendrai demain* dit-elle avant de s'enfuir. Pendant sept mois, chaque jour, à la même heure, la fillette est fidèle au rendez-vous »… Ces rudes épreuves prirent fin. Herman et Roma se retrouvèrent en Amérique et se marièrent. Hélas de leur récit tout est faux, inventé, cyniquement et sciemment imaginé. Interrogé Herman s'en est expliqué publiquement sans la moindre gène : « *Ce n'était pas un mensonge, c'était mon imagination. Dans mon esprit, j'ai cru que c'était vrai. En ce moment même, j'y crois toujours* » par conséquent si c'est *ma vérité,* cela est la Vérité et cela seul compte ! Curieuse déviance mentale qui conduisit – autre exemple - le scientifique Albert Jacquard (1925/2013) à énoncer gravement : « *L'important de mon propos n'est pas qu'il soit juste, c'est qu'il soit sincère* ! ».

L'ennui est bien qu'Herman Rosenblat[32] n'est pas un simple affabulateur, une exception. Son cas est

---

[32] Herman A. Rosenblat (1929/2015), Américain d'origine polonaise, fut l'auteur remarqué de souvenirs intitulés *Angel at the Fence.* Le dos au mur il admit avoir menti « *pour apporter du bonheur aux gens* » ! Avant que l'imposture n'eût été connue publiquement, les droits d'adaptation cinématographique avaient été achetés pour 25 millions de dollars par Harris Salomon, président d'Atlantic Overseas Pictures [wiki]. Notons que tous les proches de Rosenblat et ceux qui partagèrent la même expérience concentrationnaire, se gardèrent bien de dénoncer le caractère mensonger de son récit (pourtant hautement fantaisiste), s'en faisant ainsi délibérément les complices actifs ou passifs. Au cours des années 90, Misha Defonseca alias Monique De Wael, se montra la digne émule de Rosenblat en s'enrichissant grâce à des éditeurs complaisants avec le récit *véridique* « d'une petite fille rescapée des camps qui avait traversé l'Europe à pied et parcouru 3 000 km à la recherche de ses parents, protégée par des loups » !

emblématique d'une tendance qui subrepticement se généralise. La vérité devient en effet relative à mesure qu'il devient admissible que la véracité d'un témoignage décroisse en proportion de la charge émotionnelle qu'il véhicule, de l'impact du récit sur l'opinion et de sa congruence avec un message moral dont il est le support. Peu importe donc qu'un narratif soit vrai ou faux pourvu qu'il soit conforme à l'éthique dominante et fortement émotionnel, autrement dit qu'il serve à la consolidation du mythe et à la cohérence de l'imaginaire collectif. De ce point de vue Rosenblat n'est certes qu'une figure mineure, au sein d'une industrie du mensonge et de la falsification en forte expansion par le truchement des méthodes de l'*ingénierie sociale*[33], celle-ci soutenue par l'avancement rapide des *sciences cognitives* (propagande et publicité). Dès lors, les notions de vrai et de faux ont-elles encore un sens dans un monde où les techniques de réécriture des faits et des événements sont devenues quasi infinies avec l'invention de l'image animée et de l'immense cortège des réalités virtuelles ? Admettons que nous sommes entrés de plein pied dans l'ère de la *post-vérité*[34], celle de la

---

[33] Exploitation des failles et faiblesses de la psychologie individuelle ou collective à des fins manipulatoires. Ici la tendance mimétique (recherche d'identification ou de non dérogation au consensus social), soit la dimension grégaire ou conformiste de la personnalité humaine que complète la soumission au principe d'autorité institutionnelle (médias, intelligentsia, grandes maisons d'éditions), permettent la diffusion et la consolidation des mythes historiques contemporains dans l'opinion.

[34] Le terme « post-vérité » serait apparu en 1992 dans la revue américaine *The Nation* sous la plume du scénariste serbo-américain Steve Tesich. Il désigne le peu de cas que les modernistes, notamment les politiques, font de la précision et de la matérialité des faits pour ne retenir des événements que leur lecture subjective par l'opinion. La réalité vraie est/serait celle perçue et non plus celle

subjectivité intégrale et de l'indistinction crépusculaire entre vérité et mensonges.

Nihilisme et relativisme

Cela commence avec la sentence populaire « *du goût et des couleurs* » portée à l'incandescence. D'aucuns déduisent un peu vite de cette adage qu'en matière d'esthétique il n'existerait pas de jugement objectif. Poussé au bout, ce raisonnement annule toute distinction autre que subjective entre le beau et le laid. Or nous en sommes là. Le non-art contemporain a effacé jusqu'à la notion de beau pour la remplacer par le caractère étrange, transgressif de n'importe quel objet déclaré ou désigné en tant qu'œuvre plastique ! Cela commence avec le célébrissime "Urinoir" de Marcel Duchamp, un grand tournant dans l'histoire de la culture. Pourtant tout nous indique que le *beau* existe bel et bien, objectivement, à l'état naturel. Il n'est que de mettre côte à côte un jeune étalon fringuant et une vieille rosse fourbue. Maintenant le regard inverti se trouve empreint – sans trouble aucun – de gérontophilie ou de nécrophilie, jusqu'à se pâmer devant une charogne, telle les quartiers de viande matériellement exposés dans les salons et foires d'art contemporains... bien au-delà du bœuf écorché de Soutine et à des années lumières de Rembrandt.

---

présentée habituellement comme objective. Tout devient une question de lecture et de point de vue : un assassin peut de cette façon devenir une victime digne de pitié indépendamment de ses actes. Une démarche qui efface peu à peu les limites séparant le vrai du faux, le virtuel du réel. En 2016, dans le contexte du débat sur le Brexit, le dictionnaire d'Oxford en donne la définition suivante : « circonstances dans lesquelles les faits objectifs ont moins d'influence pour modeler l'opinion publique que les appels à l'émotion et aux opinions personnelle ».

Tout est qualifiable de tout et nul n'a rien à y redire. La distance et la distinction entre le normal et le pathologique se sont estompées pour finir par s'évanouir complètement... et nous laisser l'esprit vide, déshérités et démunis, dans un monde désenchanté, sans hiérarchie des valeurs et sans espoir d'ascension spirituelle.

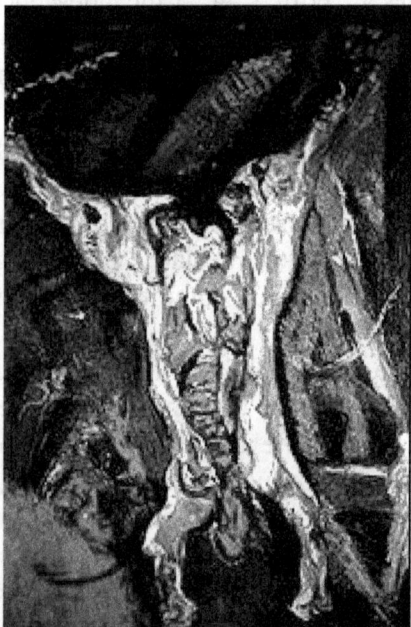

Chaïm Soutine

Le relativisme esthétique, et corrélativement moral, sont devenus la règle en inversion de l'équation du *kalos kagathos* des anciens (le Beau est le Bien – καλὸς κἀγαθός). Si le crime est encore juridiquement qualifié (la réalité se réfugie de façon résiduelle dans d'ultimes refuges, comme les flaques d'eau subsistant au creux des rochers à marée basse), les peines, de plus en plus légères, ne sont plus appliquées qu'à contrecœur.

On vient de le voir avec ce terroriste, tueur de policier, qui, condamné à quinze années, a pu le 20 avril 2017 perpétrer un dernier forfait alors qu'il eut dû se trouver derrière les barreaux[35]. En fait il n'est plus question de délit, à peine de *faute* mais surtout d'*erreur* ou parfois même de *bêtise* plus ou moins *grosse*... tout étant relatif quand il s'agit de l'extermination par égorgement de familles entières.

Nous sommes arrivés à stade affolant d'uniformisation des comportements mentaux (appréciations, jugement de valeurs)... particulièrement depuis que s'est ancrée en nous la conviction selon laquelle nous serions tous coupables d'exister eu égard aux actes aujourd'hui réputés condamnables de nos aïeux (une sorte de permanence ontologique du péché originel), que le fautif ne serait plus au fond à nos yeux qu'un malchanceux... ou une victime de ceux qui l'ont poussé à la faute, par l'exemple, l'égoïsme sordide des nantis ! Que finalement tous les hommes se valent étant par essence *égaux en dignité*. Le pire des meurtriers n'ayant été au départ, tout comme nous tous, qu'un assassin en puissance un sort contraire en ayant disposé différemment[36]. Et parce que nous sommes tous

---

[35] Le tueur, Karim Cheurfi, obsédé par son désir d'assassiner des policiers, avait été condamné à de nombreuses reprises pour ses actes d'extrême violence et chaque fois rapidement remis en circulation. Actif. Ayant écopé de quinze ans de détention 2005 à pour tentative de meurtre d'un élève en école de police, il avait été élargi en 2012 et ne faisait pas l'objet d'une fiche « S », c'est-à-dire d'un signalement particulier au regard de sa dangerosité.

[36] Une autre explication au crime – puisque par essence tous les hommes sont bons – serait que la répression policière et judiciaire susciterait *le passage à l'acte*. L'argument a été employé à propos des crimes sexuels dès les années soixante-dix alors que certains intellectuels militaient

semblables, tous *humains,* et par conséquent tous égaux ne seraient les circonstances et les aléas existentiels, les faillis, les tueurs, plus que tout autre, méritent notre compassion.

Ce qui distingue le toi du moi a disparu et il est de bon ton de prendre au pied de la lettre le mot d'Arthur Rimbaud « *Moi est un autre* ». Reste que *le sommeil de la raison engendre des monstres...* Les catégories (les spécificités) intermédiaires disparaissent à vue d'œil et se fondent maintenant dans le grand chaudron universel. L'Homme n'est ainsi réellement homme que dans l'indivisible Unité du Genre en dehors de laquelle rien n'est censé exister de significatif et de déterminant. Un criminel aussi sordide soit-il n'est finalement, insistons, qu'un humain comme les autres dont à ce titre les droits (oui mais quels droits ? juridiques sans doute, mais pour le reste...) devraient être intégralement respectés !

Rien ne sépare plus l'individu concret (désincarné) de l'*universel* abstrait comme réalité ultime. Or nous touchons ici à la négation de tout ce qui compose l'individu dans ses différentes strates et facettes, réduit à sa nudité universaliste, dépouillée de tous les habits et attributs matériels et symboliques qui le caractérisent et le définissent dans ses spécificités sans lesquelles sa singularité est vide de contenu. Le roi et la reine sont un homme et une femme, ou encore un mâle et une femelle, des primates, des mammifères bipèdes que rien ne distingue

---

pour la dépénalisation de la pédomanie. Le candidat à la présidence Philippe Poutou reprenait en avril 2017 une argumentation similaire, cette fois relative au terrorisme islamiste en affirmant que la répression (injuste) contribuait largement à *radicaliser* les voyous proliférant dans les banlieues des métropoles.

finalement de leurs cousins bonobos. Réduit à son universalisme abstrait que reste-t-il de l'humain dans sa vérité essentielle ?

Le relativisme conduit à exclure l'objet, à le nier jusqu'à n'en garder qu'une représentation fluctuante et circonstancielle selon la perception des uns ou des autres. Perception singulière ou générique qui exclut tout absolu, toute référence fixe. Nous sommes dans l'univers du modulable, celui de la pure contingence, fonction du moment et du lieu. *Vérité en deçà des Pyrénées, erreur au-delà* nous dit Pascal[37]... Oui da, cela est exact, mais limité et relatif à un ou des espaces culturels donnés ! Car dans cette perspective, la réalité ne serait au final que l'ensemble à parts égales des *points de vue* – plus ou moins compatibles ou contradictoires entre eux – qui la décriraient sans que l'un puisse l'emporter sur les autres. D'où le dogme de la tolérance obligatoire sauf pour ceux qui se refusent à admettre ce pan relativisme bêlant en vertu duquel, toutes choses étant égales et de même valeur (règne de l'indifférenciation et de l'interchangeabilité générale), tous les individus se valent et partagent une égale majesté... purement verbale.

Les choses, les faits, les actes, les événements sont également présentés comme n'ayant pas de réalité en soi car ils seraient pure « historicité » (une succession discontinue de faits sans véritable relations de causalité en eux). La vérité (objective) de l'être en-soi n'existerait donc pas puisqu'elle ne serait que la perception d'états successifs. Reste que le film animé (succession accélérée d'images

---

[37] Blaise Pascal (1623/1662) « Pensées » 1669.

fixes) existe bien en lui-même et que *le tout est beaucoup plus que la somme de ses parties*[38]. Marx voyait les représentations du monde comme l'expression d'un moment spécifique dans l'histoire des antagonismes de classes, la pensée n'étant qu'un produit conjoncturel sans référence à une réalité stable (sans attache et sans enracinement). Les idées, non réfutables en soi, seraient à ce titre simplement fonctionnelles et ne joueraient de rôle que dans le maintien ou la déconstruction des rapports sociaux les ayant produites et qu'elles contribuent à pérenniser ou à détruire. Une segmentation *diachronique* (l'histoire mille feuilles d'événements distincts sans liens nécessaires entre eux) qui ampute les idées de leur vie et de leur continuité indépendamment des hasards conjoncturels et des bégaiements de l'histoire.

Rien n'existe

Candidat à la présidence le sieur Macron expliquait au printemps 2017 que *la culture française n'existe pas*. Lui faisant écho un officiel d'outre Rhin expliquait qu'il n'y a pas plus de langue allemande. De même qu'il n'y aurait pas de peuple français qui, comme la culture et la langue, se réduirait à des couches successives, des superpositions culturelles, linguistiques et ethniques (et à présent, société plurielle oblige, à des *juxtapositions*). C'est, dans le cas des peuples, des langues et des cultures, exclure la *synchronie* (l'état présent) en tant que totalisation au profit exclusif de la diachronie (le déploiement dans le temps). Penser que l'histoire (dépassée par définition et simple processus

---

[38] Aristote (384/322) « Métaphysique » Livre V chap. XXVI et « Physique » Livre VI.

cumulatif) ou des généalogies aléatoires seraient les seules réalités empiriques dont il faudrait tenir compte. Nous avons là un moyen astucieux de déconstruction du réel et de négation de la chose en soi...

À ce titre, les races n'existent pas, elles sont une illusion d'optique, de même l'appartenance au sexe masculin ou féminin ne serait qu'un jeu de rôles interchangeables. Le genre étant socialement et culturellement *construit* eu égard à des préjugés (des stéréotypes) hérités des âges obscurs quand la *science* en était encore à ses balbutiements. Pour ce grand entrepreneur en démolitions que fut Nietzsche *in* « Le crépuscule des idoles », « *la morale n'est qu'une interprétation – ou plus exactement une fausse interprétation – de certains phénomènes* ». C'est dire à mi-mot qu'il n'existerait pas d'ordre naturel en soi, pas de loi stable régissant les relations entre l'homme et le monde physique, vivant ou inerte, et par conséquent que l'homme se situerait au-dessus des lois cosmiques et divines. Ce qui mène directement à la conception de l'homme perfectible à l'infini... justification de l'hybris transhumaniste[39].

Bref, nous avons là une discrète façon de nier la prééminence de la chose en soi, de la nation par exemple, comme culture commune en tant qu'*être au monde* partagé (*dasein*)... soit la participation à une même vision du monde (*weltanschauung*) à laquelle correspond des pensées, des actions et réactions coulées dans un même moule, celui de l'imaginaire collectif et des archétypes

---

[39] A contrario : « Yavhé au bout de six jours s'est arrêté de créer, confiant ainsi à l'homme la mission de poursuivre la création et de la perfectionner » Josy Eisenberg Fr2 « Judaïca » 2016.

jungiens[40]. Lorsqu'apparaissent des écarts trop importants dans la perception ou l'interprétation du monde et constitutifs d'intérêts divergents entre des groupes réunis artificiellement au sein d'une même communauté, alors les risques de conflits grandissent.

Détruire l'idée de nation, puis de patrie, toutes deux relativisées pour mieux être niées en les réduisant à leur seule dimension de processus historique, plus ou moins instable ou aléatoire, perpétuellement en cours... permet d'évacuer ces autres notions indésirables que sont le *patriotisme* et son corrélat le nationalisme si décrié dans les enceintes parlementaires et sur les plateaux de télédiffusion. Idées dangereuses puisqu'elles s'opposent à l'effacement des frontières, au grand brassage et à la fusion des hommes et des races (qui n'existeraient pas), et consécutivement à la réalisation *unitarienne* (ou jacobine) de la République universelle... Idées que l'on saura cependant réactiver en tant que de besoin lorsqu'il s'agira de jeter les nations, les confessions et les ethnies les unes contre les autres... comme le fit Staline à partir de 1934 afin de préparer sa guerre contre le Reich allemand.[41]

Notons que le relativisme, ce nihilisme qui ne dit pas son nom, cette négation du réel, s'accompagne de formes à peine voilée d'une psychopathologie mentale collective... se traduisant par des formes parfois inquiétantes de schizoïdie pour ceux qui, refusant la réalité réelle, se

---

[40] Carl Gustav Jung (1875/1961) « L'homme à la découverte de son âme » 1963.

[41] Henri Massis (1886/1970) « Découverte de la Russie » 1944. Ouvrage remarquable.

trouvent confrontés à des contradictions insolubles. Reprenons le cas de M. Poutou, digne représentant du Parti anticapitaliste et grand négateur des relations de cause à effet ; celui-ci s'emploie, avec des contorsions intellectuelles dignes d'admiration, à nier la responsabilité personnelle des criminels et délinquants victimes de l'exclusion sociale, du racisme, de l'exploitation des classes dominantes (surtout lorsque les supposés opprimés ne travaillent pas vivant aux crochets de la société), des persécutés qu'il conviendrait de secourir en cessant de les réprimer... notamment *en désarmant les policiers*. Raisonnement qui s'arrête net au bord de la vertigineuse falaise de la stupidité.

Jusqu'où l'hébéphrénie, la confusion mentale et l'inversion générale des valeurs auront-elles droit de Cité ? Nous retrouverons-nous définitivement engloutis dans ce putride cloaque éthique si nous ne parvenons pas à élaborer des contre-mesures épistémologiques et sémantiques pour contenir les ravages de la *pensée fausse* et de ces idées parasites, virales, qui nous détruisent à notre insu peut-être, mais aussi avec notre plein et tacite consentement ?

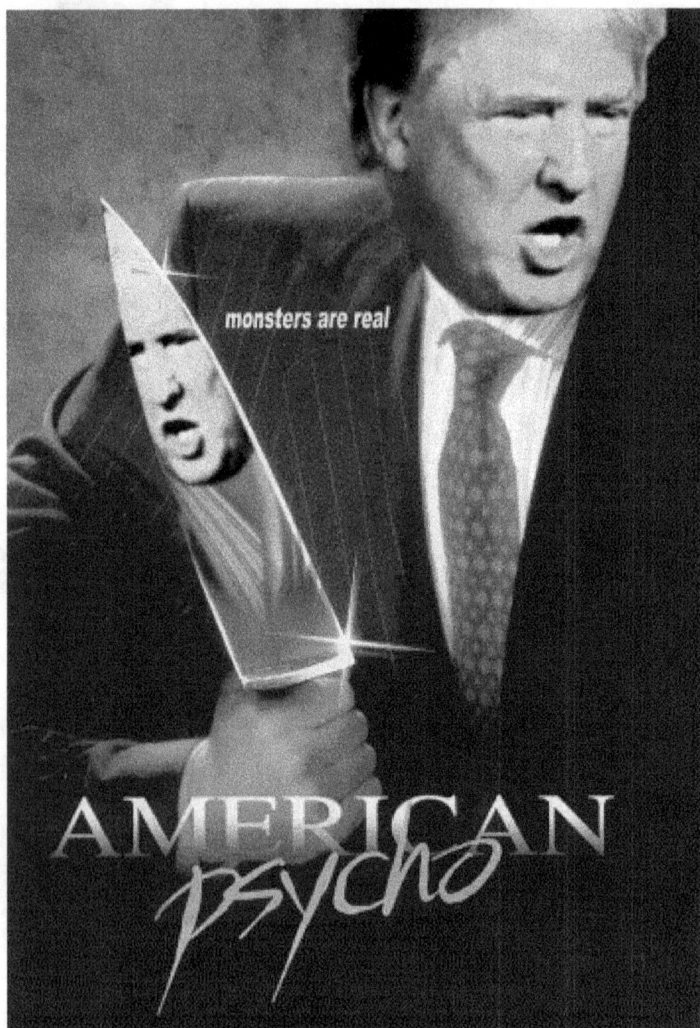

monsters are real

AMERICAN *psycho*

La gauche mondialiste
et ses produits dérivés

Revenons à présent sur le *monstre* Trump contre lequel le discours de bannissement s'affine[42]. Le cas est à ce point archétypique des tendances idéologiques actuelles que son étude couvre à elle seule la quasi-totalité du champ sémantique qui nous intéresse. Afin de stigmatiser l'homme au parcours exemplaire du rêve américain – trois générations de *self-made men* ayant commencé leur ascension sociale il y a plus d'un siècle dans la vallée du Yukon à l'instar d'un Jack London – on appelle maintenant à la rescousse la psychiatrie et ses produits dérivés freudiens…

Mister Trump serait *instable, imprévisible,* voire un *pervers narcissique,* soit au final un individu psychiquement inapte à l'exercice de sa mission à la tête de

---

[42] Dès le lendemain de la victoire de D. Trump, le 8 novembre, il suffisait de regarder les Unes des journaux français et internationaux pour découvrir l'ampleur du choc causé par l'événement. Ainsi le journal ultra-libéral libertaire « Libération » publiait en couverture le 10 une image du nouveau président se référant à un film au titre évocateur « American psycho » narrant la dérive sanglante d'un financier de Wall Street [Mary Harron 2000].

la superpuissance américaine parce que *dangereux*. N'en a-t-il pas d'ailleurs apporté la preuve par des frappes aussi inconsidérées qu'unilatérales en Syrie contre un aéroport de l'Armée arabe syrienne ? Dangerosité donc sur tous les plans, à la fois économique, politique, international... Toutes les minorités de la terre – sans-papiers, LGBTQ[43], femmes aux allures de Ménades – défilent donc, jour après jour, le visage couvert de peintures de guerre... guerre sans merci qu'elles entendent conduire contre l'imposteur supposé de la Maison-Blanche.

Un phénomène totalement inédit qui nous en apprend beaucoup sur l'état actuel de nos sociétés et sur ce qu'il est convenu d'appeler les fractures sociales, lesquelles sont désormais *sociétales*, c'est-à-dire d'irréconciliables divergences culturelles et politiques... Dernier avatar de l'antagonisme entre libéraux modernistes et progressistes, contre les tenants de la tradition et de l'invariance ou de l'intemporalité des principes fondamentaux. Insistons sur la

---

[43] LGBTQ... en Volapük : lesbien, gay, bisexuel, transgenre ou *queer* [étrange, anormal]. L'*altersexualité queer* regroupe ainsi les diverses identités de genre non hétéronormées. Selon Teresa de Lauretis [« Théorie queer et cultures populaires : de Foucault à Cronenberg » 2007], cette catégorie syncrétique viendrait complémenter « le *féminisme matérialiste* en construisant une alternative au patriarcat hétéronormatif et cisnormatif. Soit un espace conceptuel et politique pour les genres et les sexualités décatégorisés en lutte contre l'oppression réelle (prise dans son contexte historique et social patriarcal), des femmes et des *pelsonnes trans*... le *cissexisme* se traduisant par un non-respect ou même la négation des identités de genre ». Nota bene : Le volapük, précurseur de l'espéranto, est une langue artificielle à vocation internationale inventée en 1879 par Martin Schleyer, prêtre catholique allemand. De nos jours le *globish* qui envahit insidieusement tous les aspects de notre vie quotidienne, s'y est efficacement substitué.

nature et la signification réelles de ce clivage, lequel ne relève plus – tout comme en France, la campagne des élections présidentielles aura montré à l'envi - d'une simple opposition droite/gauche au sens classique, mais bien d'un choc frontal entre les *valeurs* directrices de la société globaliste à commencer par le déracinement, l'indifférenciation et l'homogénéisation humaine, sexuelle, culturelle contre la diversification des nations, des peuples, des races, des ethnies. Valeurs globalisantes presque toujours, aux antipodes des valeurs déclarées, mais dépassées, de la gauche, réformiste et platement social-démocrate[44].

Le globaƚ dévore ƚe ƚocaƚ

Le global dévore donc le local, le régional et le national et ringardise les *valeurs* obsolètes de la Gauche *à papa*. Alors que naguère la gauche se montrait majoritairement partisane – au moins sur le fond – des grandes valeurs traditionnelles – *Travail, Famille, Patrie* – tout en se déclarant habitée par un internationalisme cosmopolitiste surtout verbal. On se souviendra des discours musclés du Secrétaire général du PCF, Georges Marchais, exigeant la

---

[44] Ce qu'a résumé le publiciste Nicolas Gauthier en ces termes : « *le peuple américain a voté contre l'alliance de la côte Est et de la côte Ouest, de Wall Street et de Hollywood, du Veau d'or et de la tour de Babel. Entre Washington et Los Angeles, il y a tout le reste, une sorte d'Amérique rurale et industrielle des invisibles qui, blancs ou non ne trouvent pas la mondialisation des plus heureuses* » [BdVoltaire3fév17].

fermeture des frontières face aux vagues montantes de l'immigration sauvage[45].

Dans une intervention de janvier 1981, quelques mois avant l'élection à la présidence de François Mitterrand, Marchais, qui répugnait se faire taxer de pétainisme, se montrait alors très incisif : « *Quant aux patrons et au gouvernement français, ils recourent à l'immigration massive, comme on pratiquait autrefois la traite des Noirs, pour se procurer une main-d'œuvre d'esclaves modernes, surexploitée et sous-payée... C'est pourquoi nous disons : il faut arrêter l'immigration, sous peine de jeter de nouveaux travailleurs au chômage* ». Une philippique que ne renierait pas notre droite nationale aujourd'hui. Quel chemin parcouru !

Ce n'est d'ailleurs tout récemment – depuis quelques courtes années – que les médias se sont mis à flétrir à jets continus la devise vichyssoise exaltant la *cellule familiale*,

---

[45] Georges Marchais aura été Secrétaire général du Parti communiste français de 1972 à 1994. Dès 1972, les maires communistes des périphéries urbaines appelaient à « *la liquidation des bidonvilles* », car si « *pour le Parti communiste français et ses élus, tous les travailleurs quelles que soient leur nationalité, leur race, leur couleur ou leur religion, sont frères de lutte et d'espérance. [S'] ils ont des intérêts communs à défendre, face à leurs exploiteurs... ce qui est en cause, c'est toute la politique d'immigration du pouvoir* » in « Français et immigrés, le combat du PCF » André Vieuguet 1975. À titre de comparaison : en 2010, le gouvernement français de M. Fillon autorisait l'entrée de 203.000 étrangers légaux dans notre pays, contre 114.000 en 2000 sous le Premier ministre socialiste de cohabitation, Lionel Jospin. Les chiffres de l'immigration avaient ainsi cru de 78%. Durant les cinq années de la présidence de M. Sarkozy, c'est plus d'un million d'immigrés qui se sont s'établis en France sans compter un nombre presque équivalent d'illégaux.

le *labeur* et la *terre des pères*, parce que jusque là personne n'aurait osé vitupérer à visage découvert ces piliers civilisationnels. C'est chose faite à présent. M. Hamon (le candidat à l'élection présidentielle de mai 2017 étiqueté *à gauche de la gauche*) nous explique benoîtement à propos de la *Valeur travail* que l'emploi se tarissant[46] pour cause de révolution numérique (et non pas en raison de l'afflux massif de migrants économiques et des délocalisations industrielles spéculatives), qu'il conviendrait de mieux répartir la richesse entre tous par le truchement d'un revenu universel garanti... sans autre obligation pour le récipiendaire que de voter en faveur de la main (et du Parti) assez démagogique pour le nourrir.

Non seulement le droit à la paresse, mais plus encore le droit au parasitisme social avec le retour au servage pour la classe des laborieux, les néogalériens condamnés à entretenir l'immense plèbe des allocataire... Parce que l'argent ne se crée bien entendu pas ex nihilo au contraire de ce que pratique actuellement la Banque centrale européenne à raison de 80 milliards par mois grâce au miracle de la planche à billet, mais à partir du travail productif des assujettis fiscaux et nulle part ailleurs[47].

---

[46] En 2012 la France connaît un taux chômage de 10,2% (8,4% en 2007) alors que 700 000 emplois au minimum ne sont pas pourvus.

[47] Depuis 2015, la BCE a décidé de systématiser sa politique d'assouplissement quantitatif (*quantitative easing*), procédure ordinairement transitoire consistant à grossir artificiellement le volume d'argent en circulation afin de mettre de l'huile dans les rouages économiques. Pour 2015 et 2016, la BCE aurait distribué quelque 1300 milliards d'euros en monnaie de singe ce qui n'a pas empêché la croissance économique de progresser négativement. Il est vrai que

Quant à la Famille, on la sait désormais mono ou homoparentale, décomposée, recomposée, parfois triolique, celles encore où la parenté biologique n'a plus de rapport la parenté légale (adoptions sur le cybermarché). De plus en plus de pays ont légalisé ce type de configuration exubérante à l'instar du Brésil et récemment de la Colombie[48]. Au demeurant les enfants peuvent s'acheter ou s'échanger sur la Toile, une pratique apparemment courante aux États-Unis. Le progrès ne s'arrête jamais et les choses, à notre insu, évoluent très vite[49]. Après la fin programmée du travail comme moyen de contribuer à l'effort commun et de trouver une place légitimante au sein de la société, l'on découvre que la famille à géométrie variable tend à rejoindre peu à peu les nouveaux modes de consommation… commande en ligne, marché transfrontières, exotiques, à la demande et selon la fantaisie du moment puisque l'on peut changer de sexe et d'identité sociale en fonction de son *ressenti*. L'enfant devient ainsi un *consommable* comme un autre et il le sera d'autant plus

---

seulement 5% environ de cette création monétaire miraculeuse auront atteint les rivages enchantés de l'économie réelle.

[48] En Colombie le mariage homosexuel est autorisé depuis 2016. L'État a officiellement reconnu le 3 juin 2017 une *famille* composée de trois hommes. Ce régime patrimonial légalement appelé de « trieja » concerne un homme (polyandre) et ses deux conjoints.

[49] En février 2015 la Cour Européenne des Droits de l'Homme condamnait l'Italie pour avoir retiré la garde d'un enfant à un couple qui l'avait *commandé* et *acheté* dès avant sa conception via Internet… Ce qui signifie que les états membres de l'Union européenne qui entendraient s'opposer à de telles pratiques s'en voient *de facto* juridiquement interdits… sauf à ruer dans les brancards ce qui est impensable vu l'état de soumission et d'amoralité des classes dirigeantes.

que la *procréation assistée* et la *procréation pour autrui* (ventes d'ovules et locations de matrices) entrent dans la banalité des transactions courantes. Tout s'achète et tout se vend comme le dit si bien Pierre Bergé, soutien en avril 2017 d'Emmanuel Macron[50], digne prétendant à la succession du sieur Hollande.

Enfin, pour ce qui est de la Patrie, le mot et la notion sont en passe de ne plus avoir cours. Qu'est-ce qu'en effet la nation passoire (et dépotoir) issue de la construction dite européenne et de l'instauration de l'espace Schengen ? Des institutions écrans qui sous couvert de réunir en faisceau les peuples du Vieux continent les ont livrés pieds et poings liés à tous les démons du mondialisme. Bruxelles n'a jamais été que l'antichambre, le sas d'entrée, vers le Marché unique mondialisé et l'outil de déconstruction des nations. Le raz-de-marée migratoire était encore vers 2013 ou 2014 officiellement justifié et soutenu par un recours aux réflexes altruistes hérités de quinze siècles de christianisme. Il s'agissait d'accueillir des gens fuyant les guerres du Levant... des conflits que nous avions nous-mêmes

---

[50] Après Bernard Kouchner et Alain Minc, le candidat Emmanuel Macron a reçu le soutien de Pierre Bergé, copropriétaire du Monde, président de l'Association Sidaction et fondateur du magazine Têtu, qui a indiqué via Twitter qu'il « *apporte* [son] *soutien sans la moindre restriction à Emmanuel Macron pour être le président qui nous conduira vers une social-démocratie* » [lepoint.fr31janv17]. Le 16 décembre 2012 Le Figaro publiait ce point de vue du milliardaire homosexuel relatif à la gestation par autrui : « *Nous ne pouvons pas faire de distinction dans les droits, que ce soit la PMA, la GPA ou l'adoption. Moi je suis pour toutes les libertés. Louer son ventre pour faire un enfant ou louer ses bras pour travailler à l'usine, quelle différence ? C'est faire un distinguo qui est choquant* ».

allumés. Au reste l'argument a très rapidement fait long feu, et la crue vérité s'est imposée.

Aussi le camouflage *caritatif*, compassionnel des politiques de substitution de population, a-t-il été bientôt jeté aux orties. Tant et si bien que les buts réels de l'invasion migratoire sont en fin de compte cyniquement assumés par leurs promoteurs... la submersion du continent européen par de vigoureuses et juvéniles populations du Tiers-Monde faisant partie d'un plan de brassage ethnique et de métissage mûri de longue date[51]. Plan bien entendu intégralement idéologique maquillé d'arguties humanitariennes et d'une hallucinante rhétorique relative à des déficits démographiques n'ayant de matérialité qu'anamorphique[52].

---

[51] Depuis les années quatre-vingt-dix la Division de la population des Nations Unies a multipliés les rapports publiés relatifs aux nécessaires migrations de remplacement. Cf. « Migration de remplacement : est-ce une solution pour les populations en déclin et vieillissantes ? ». Selon les NU "Le concept de migration de remplacement correspondant à la migration internationale dont un pays aurait besoin pour éviter le déclin et le vieillissement de la population résultant des taux bas de fécondité et de mortalité" - http://www.un.org/esa/population/unpop.htm - Le rapport aujourd'hui difficilement accessible prévoyait une masse de 159 millions d'immigrés en Europe d'ici 2025 afin de combler son déficit démographique, la France à elle seule devant accueillir 760.000 nouveaux habitants par an. De quoi réjouir le BTP. Notons qu'en dépit d'un vieillissement accéléré le Japon refuse toute immigration, acceptant sereinement une réduction notable de sa population.

[52] Alors qu'aux États-Unis la cour d'appel de Californie annulait (3 janvier 2017) le décret présidentiel destiné à bloquer pendant un trimestre l'entrée sur le territoire des États-Unis des ressortissants de 7 pays en guerre, il est intéressant de savoir qu'en 2011 le président Obama avait lui-même interdit de séjour de tous les irakiens sans que cela soulève la moindre indignation. Sur cette question précise, fer de lance du mondialisme, les médias firent ce qu'ils savent faire de mieux,

Par-delà la droite et la gauche, nationaux contre cosmopolites

Sous nos yeux *le global disloque le local*, d'où le désarroi de notre classe politique prébendière[53] qui ne comprend plus par où passent les lignes de forces de l'opinion. Le champ magnétique vecteur de choix politiques s'est modifié : les clivages horizontaux, gauche contre droite, socialisme contre capitalisme, reflétant un antagonisme de classe purement artificiel (qui n'a jamais vraiment pris aux États-Unis), ou verticaux, prolétaires contre *bourgeois* (selon la terminologie désuète du marxisme-léninisme), sont en voie de disparition dans le contexte d'une modernité mutante bouleversant les catégories établies.

Cette cartographie ne tient plus. D'abord par ce que le monde ouvrier s'est profondément transformé, les services ayant pris le pas sur la production et les automates se substituant peu à peu aux hommes, ceux-ci deviennent leurs auxiliaires dans bien des domaines. Jadis l'affrontement

---

c'est-à-dire mentir. Présentée comme une mesure islamophobe, un "*muslim ban*", celle-ci ne concerne que 8% des musulmans sur un milliard et demi. Décret qui était dans les cartons de l'Administration Obama, laquelle, en février 2016, considérait les pays visés comme autant de « zones préoccupantes ». Enfin, d'après le Rasmussen Report, 57% des Américains approuvent cette décision contre 33% qui y sont opposés et 10% sans opinion.

[53] Les prébendes en question allant de la fameuse réserve parlementaire et du népotisme entrepreneurial d'un Fillon, aux frais de représentations et de bouches qu'illustrèrent MM. Macron à Bercy, Aquilino Morelle à l'Élysée avec son cireur de chaussures ou M. Hollande et son *merlan* (coiffeur) à dix mille euros mensuels.

politique se jouait sur un échiquier d'abord national (sauf bien entendu en période de crise internationale), il est aujourd'hui devenu essentiellement vertical mais à une autre échelle : Nord contre Sud censé incarner un néo-prolétariat mondial opprimé par les peuples nantis et gavés (accablés de maladies dégénératives) des sociétés postindustrielles. Ce pourquoi au Nord, le peuple, qu'il soit de gauche ou de droite, toutes tendances confondues, se mobilise contre l'hyperclasse dont les pires représentants sont les parrains de M. Macron... les Attali, Minc et Bergé, etc. Or, encore faut-il identifier le trop consensuel jeune loup pour ce qu'il est vraiment car là réside toute la force obscure de l'homme de la banque et des médias : il se présente justement comme n'étant plus *ni de gauche ni de droite* faisant éclater une bulle idéologique devenue aussi stérile que désuète.

C'est ce qui rend redoutable ce dernier. C'est également ce qui rend obsolète la classe politique porteuse d'une rhétorique droite/gauche qui a fait son temps, qui n'a plus de sens opérationnel. Qui n'est que le reflet d'une idéologie de guerre sociale passée à l'acte en 1789. Celui qui n'adhérait pas pleinement aux foucades révolutionnaires était dénoncé comme ennemi du genre humain et illico envoyé *ad patres*. La droite n'existe pas en soi, elle est une invention[54] par décret, née dans l'enceinte des tribunaux révolutionnaires, et destinée à éliminer ceux qui n'avaient pas l'heur de plaire à nos Enragés et autres Niveleurs.

---

[54] Jean Madiran « La droite et la gauche » 1977.

En premier lieu parce que le système partitocratique est parvenu à son terme ultime : un demi-siècle de consanguinité politique a conduit insensiblement à une sélection formidablement efficace des plus médiocres, tels ces parangons de toutes les anti *vertus* gouvernementales, les Sarkozy et les Hollande. Le fait est qu'outre la soumission aux injonctions des groupes de pression (qui servent de poisson pilote aux intérêts transnationaux), le personnel politique a été depuis un bail profondément gangrené par une impressionnante corruption morale (liée notamment à la contamination par les idéovirus de la pensée unique freudo-marxiste, l'inculture et la perte de toute spiritualité). Travaillé également par les conflits d'intérêts et autres compromissions avec les donneurs d'ordres transnationaux, lesquels disposent de réserves illimitées d'une monnaie de singe sans autre valeur que le papier et l'encre qui la composent. Il est superflu d'énumérer des noms, nous les connaissons tous, ils encombrent chaque jour les lucarnes médiatiques de leur suffisance, de leurs impuissances et de leur inutilité. Les plus *vicelards* restent cependant en retrait pour mieux tirer les ficelles, traversent toutes les turbulences de la vie politique et rebondissent quoiqu'il arrive de législature en législature.

Aujourd'hui nos hommes politiques n'ont plus de crédibilité parce qu'ils apparaissent tels qu'ils sont, de vaines marionnettes sans véritable talent autre que l'art du compromis et de la magouille. L'oligarchie mondiale, les vrais décideurs, devraient par conséquent, en tout état de cause, en faire l'économie c'est-à-dire remercier un personnel devenu superflu autant qu'improductif. La Révolution avait supprimé les corps intermédiaires, les corporations, les parlements régionaux. De nos jours la révolution mondialiste s'active à supprimer tout ce qui fait obstacle à l'atomisation complète du corps social... car il s'agit d'asseoir son pouvoir sur l'individu réputé libre seul face au Moloch super étatique de Bruxelles et au-delà, de New York, siège des Nations Unies. Cela en dépit d'une multiplication des commissions qui épaississent toujours plus les mille-feuilles administratifs. Des empilages masquant la concentration des pouvoirs entre quelques mains, mais que révèle la mise-en-scène macronienne dont les attributions régaliennes sont inversement proportionnelles à sa base électorale et à sa représentativité.

Si la famille se trouve dissoute dans l'acide libéral-libertaire, si les nations se désagrègent de par l'abolition des frontières et le cosmopolitisme imposé par la loi, a fortiori suivront les syndicats (des fictions ne vivant que d'aides étatiques), puis les partis politiques dont la futilité saute aux yeux. Le processus est en cours depuis la déferlante de la République en marche de juin2017. La presse n'échappera pas à la règle. Elle est aussi disqualifiée que la classe politicienne et survit en France sous perfusion d'argent public. Prenons le cas du président Trump, celui-ci pendant sa campagne électorale n'a cessé de vitupérer les médias et à présent, outre ses ordonnances, s'adresse directement aux peuples d'Amérique et au monde via les réseaux sociaux. M. Macron – pure incarnation du *système* - a pour sa part court-circuité les formations politiques, jetant du même coup une lumière crue sur leur obsolescence. Comprenons que dans la phase actuelle de mutation sociétale, l'autodestruction de la classe politique traditionnelle semble enclenchée… Parce que la révolution télématique permet d'en faire l'économie et parce que les partis classiques ne constituent plus l'interface jusque-là nécessaire entre les foules et les *représentants*, c'est-à-dire les prête-noms des donneurs d'ordre en dernier ressort.

Un produit très synthétique

Le bonhomme Macron se veut donc refondateur d'une société par-delà la gauche et la droite en s'adressant à la base sans autre intermédiaire que les réseaux numériques. Adoubé par la haute finance tel le patron de la BCE, Mario Draghi, un ancien de la pieuvre Goldman Sachs, ou par Christian Dargnat, ex directeur général de la BNP, financier du mouvement « En Marche »… ou bien Bernard Mourad que lui a délégué pour la circonstance le *tikkoun* Patrick Drahi. Bref, les médias, porte-voix du *gros argent* et caisses de résonnance de leurs propriétaires, sont parvenus à lui paver le chemin du palais de l'Élysée en matraquant quotidiennement une opinion non encore dessillée et désespérément réceptive. La différence de traitement entre les divers candidats est formidablement significative. La bataille s'est avérée rude pour contrer les tirs de barrage du *Vingt heure* et le lessivage permanent des esprits.

Au fond, Macron n'est ni de gauche ni de droite, parce qu'effectivement le système n'est pas ou n'est plus ni de gauche ni de droite s'il l'a jamais été : le culte de Mammon (l'argent divinisé et les Droits imprescriptibles de l'individu solipsistique) érigé en idole, est universel. Il s'adresse à tous sans distinction de race, d'âge, de sexe, de condition, mais ignore jusqu'à la nier, l'individualité dans ses identités spécifiques (ethnique, territoriale, nationale, culturelle, religieuse)… Néanmoins ne nous leurrons pas : de Mélenchon à Macron en passant par Hamon, en avril 2017, le mondialisme aura eu à gauche trois porte-étendards déclarés et sans le moindre scrupule ni repentir. Telle est la nouvelle gauche, celle qui promet pour toujours *le salaire sans travail* et la drogue *pour tous.*

Ni Freud ni Lénine

Droit et droits

Chacun y va de son "droit", on ne parle plus que de *droits*. Droit par ci, droit par là. Certains s'essayaient encore, naguère à souligner qu'il ne saurait y avoir de *droits* sans *devoirs.* Peine perdue. Ce discours-là n'a plus cours, oublié qu'il est, englouti dans les étendues arides des déserts progressistes. Déserts spirituels qui avancent inexorablement ! *Le désert croît : malheur à celui qui recèle des déserts...*[55]

Ce qui caractérise les "droits" dans leur version actuelle, c'est qu'ils sont devenus synonymes de "libertés", ces libertés concrètes qui relevaient autrefois de l'état de fait, de la coutume ou du privilège. Autrement dit, tout à la fois de la conscience morale de chacun avec l'autolimitation dans l'exercice de ces droits, et de l'ordre social en général. Une sorte d'*être au monde* qui allait de soi sans qu'*a priori* nulle loi n'intervienne pour venir sanctionner ce qui était admis de tous au regard d'une morale naturelle. Morale non brouillée ou polluée de relativisme et d'inversion : le beau et le bon y existant en soi, de façon objective, de la même manière que le vrai et

---

[55] Friedrich Nietzsche (1844/1900) « Parmi les filles du désert » *in* « Dithyrambe de Dionysos » 1888.

le faux, le haut et le bas. Il était par exemple convenu que seules les brutes battaient outrageusement leur cheval, et il a fallu attendre le XIXe siècle et la loi Grammont[56] du 2 juillet 1850 pour punir « *ceux qui auront exercé publiquement et abusivement des mauvais traitements envers les animaux* ».

Or le passage de la loi morale à l'ordre juridique, le besoin de légiférer à tout propos, indique presque toujours une dégénérescence des mœurs… et simultanément la fonte des *libertés* comme neige au soleil. *Liberté* étant ici synonyme de *responsabilité*. Il aura d'ailleurs fallu attendre de durs conflits entre des pouvoirs rivaux – vassaux contre suzerain – pour qu'apparaissent des Chartes de droits fondamentaux telle la *Magna Carta*[57] ou le *Bill of Rights*[58]. Hormis cela les libertés vont habituellement de soi étant du

---

[56] Jacques Delmas de Grammont [1819/1880] fondateur en 1850 de la Ligue Française de Protection du Cheval. La loi Grammont est complétée par la loi n° 51-461 du 24 avril 1951. Loi abrogée à son tour par le décret no 59-1051 du 7 sept. 1959, laquelle sanctionne la cruauté envers les animaux domestiques, y compris dans le cadre privé.

[57] La « Grande Charte des libertés d'Angleterre » du 15 juin 1215 garantit le droit à la liberté individuelle ainsi que les droits féodaux, les libertés [privilèges] des villes, tout ceci contre l'arbitraire royal et institue le contrôle de l'impôt par le Grand Conseil du Royaume.

[58] « La Déclaration des droits » [*Bill of Rights*] imposée le 22 janv. 1689 aux souverains anglais institue le monarchie parlementaire comme conséquence de la "Glorieuse"… ou Seconde révolution". Adoptée le 21 août 1789 « La Déclaration des droits » [*United States Bill of Rights*] regroupe les dix premiers amendements à la Constitution américaine. Ces amendements limitent les pouvoirs du gouvernement fédéral, garantit les libertés de presse, de parole, de religion, de réunion, le droit de porter des armes et le droit de propriété.

ressort de chacun… tous étant censé savoir – de façon innée et par l'éducation morale dispensée jadis par les Églises - où se tient précisément la frontière entre le Bien et le Mal, limites qui n'avaient nul besoin d'être gravées dans le marbre de la loi. Tous les menteurs du monde savent qu'ils falsifient les faits, même les affabulateurs les plus impénitents. Il ne saurait y avoir de tromperie sans le savoir objectif de ce qui est maquillé.

Mais dès lors que la loi morale intérieure ou socialement admise s'estompe, que se multiplient les comportements hors normes morales, corrélativement la loi se mêle de dire de plus en plus souvent où se trouve l'interdit… ce qui est licite et ne l'est pas, ce que sont le bien et le mal réduits à n'être plus que le permis et l'interdit. Bref de régler la vie de tous selon un catalogue toujours plus étendu de prescriptions – bien plus nombreuses que les 613 injonctions talmudiques – alors qu'en principe la loi ne devrait se donner d'autre but que de combattre l'injustice des méchants authentiques et *a contrario* de secourir les faibles… au nombre desquels figurent, désarmés face au maquis législatif, les victimes, visibles et invisibles, de la prolifération *carcinogénique* des lois.

Des droits à tout-va

À présent la fonction principale de la loi est de donner et de garantir des *droits* exorbitants à tout va… et surtout aux minorités qui méritent obligatoirement toute notre bienveillante attention et compassion. Et ce, quelques soient les circonstances. C'est là l'expression la plus achevée du progrès. Extirper la colonne vertébrale de chacun, ne plus simplement châtier les excès, mais corseter les personnes pour dire où il est autorisé de marcher, que manger et que boire, que dire et que faire, ceci en excipant systématiquement de prétextes sécuritaires… ou humanitaires. Des règles universelles non discriminantes, mais de plus en plus restrictives, pour ne pas dire coercitives : au-delà des lignes jaunes et rouges, point de salut. C'est dire que si autrefois la loi restreignait, contenait, interdisait en reflet de l'ordre naturel, maintenant il s'agit de distordre le droit. Ce qui revient le plus souvent à déshabiller l'un pour vêtir l'autre... pourvu que ce dernier entre dans les critères gauchis de l'injustice et du malheur social. Or chacun peut constater que la pauvreté en tant que *profession* connaît de nos jours des progrès stupéfiants[59]...

Pour nous résumer ! Le droit reflétait auparavant – plus ou moins bien – l'expérience accumulée à travers les âges. L'éthos personnel et collectif avait été décanté au filtre des siècles, pour assurer autant que possible l'insertion et le développement des individus dans leur environnement social, leur classe d'âge et leur métier. Ce mûrissement continu des mœurs s'accomplissait dans la matrice d'une morale traditionnelle issue du christianisme, héritier et continuateur des grandes philosophies païennes qui le précédèrent. Pensons notamment au stoïcisme. Or cet *ordre moral*, aujourd'hui si décrié, a servi de fondation, malgré les tribulations de l'histoire, à une civilisation que nous pressentons tous aujourd'hui être en grand péril.

---

[59] Référence à un certain parasitisme social multiforme qui épouse les divers contours du « social ». Par exemple dans un couple la femme se déclarera *parent isolé* (bien que vivant sous le même toit que son concubin) afin de toucher toute la batterie des aides et prestations allouées aux mères célibataires. Des dispositions qui stimulent la diffusion de la polygamie. En 2016, la Caisse nationale des allocations familiales (CAF) a vu ses allocataires augmenter de 700.000 nouveaux bénéficiaires ; 12,5 millions de ressortissants français bénéficient des aides de la CAF.

Hier la loi favorisait et protégeait la famille en tant que cadre biologique, légal et moral. Ce n'est plus le cas aujourd'hui sauf à jouer sur les mots. D'aucuns objecteront qu'il existe mille et une formes de la famille, de la plus restreinte à la plus large. Inutile de discuter à perte de vue des exceptions, des structures exotiques qu'affectionnent tant les déviants intellectuels et ceux qui veulent sempiternellement plaider pour d'obscures sectes ou chapelles.

Or que voyons-nous actuellement ? Que les *droits* de la modernité adulée ne sont plus ceux qui protègent et qui préservent, mais ceux qui tendent à dissoudre le *lien social*. Une guerre froide, impitoyable, a en effet été livrée pendant deux siècles à la religion, *religare* ce qui *relie* et unit. Ce lien étant en grande partie détruit, restait un ciment ultime, la famille. Or le droit d'aujourd'hui n'œuvre plus à sa consolidation, mais au contraire s'emploie à la déconstruire en favorisant ou rendant licite tout ce qu'interdisait, rejetait ou marginalisait justement la morale traditionnelle garante de la pérennité de ce noyau vital !

Les *avancées* de la médecine ou de l'ingénierie génétique appliquée à l'agriculture ouvrent à l'humain de formidables possibilités en l'émancipant des contraintes qui asphyxiaient nos aïeux… Partout le spectre de la famine recule de même que le traitement des maladies avance. Mais les disettes avaient pour mérite de rappeler à nos aïeux l'implacable dureté de l'ordre des choses. Quoi de plus intransgressible que les lois de la nature ? Respirer, manger, boire, s'abriter, dormir…

Celles-ci ramenaient inexorablement nos prédécesseurs aux réalités premières. La famille par exemple. Or grâce aux sciences appliquées, à la technique et à l'*État providence*, nous sommes arrivés à une situation profondément morbide, celle d'une illusoire et fallacieuse surabondance alors que nous épuisons les ressources naturelles, minérales et biologiques, amoncelées depuis l'aube de la vie. Illusion de profusion illimitée qui a effacé la plupart des vérités élémentaires et laisse croire à l'homme que serait arrivé le temps d'une infinie liberté de jouir *sans entraves ni temps mort, sans obligation ni sanction.*

Jetons nos préjugés aux orties

Resterait à savoir si l'on peut réellement s'affranchir, ou à quel prix, des invariants qui ont présidé à la construction de la société humaine au cours d'innombrables millénaires ? Alors que le processus allait tendanciellement vers une intégration néguentropique plus forte de la structure familiale – cohésion et stabilisation – on voit depuis un siècle des forces désagrégatives puissamment à l'œuvre… Cela a commencé avec le divorce, de plus en plus facilité et banalisé au fil des ans ; puis avec l'union libre, le contrôle chimique de la procréation, le travail des femmes comme prétendu facteur d'émancipation, le vagabondage et l'ivrognerie sexuelle, la libéralisation de l'avortement, la mise obligatoire sur le même pied des sexes jusqu'à l'effacement et la négation des différences pourtant criantes entre les *genres*… ces deux sexes qui depuis la nuit des origines, depuis les premières palpitations de la vie sur Terre, avaient été indissociablement complémentaires (même chez les organismes hermaphrodites – tels les gastéropodes - où la reproduction par fécondation est associée à une fécondation croisée !).

À présent sont légalisés et imposés comme normes sociétales, l'inversion sexuelle, le *mariage pour tous*, la sexualité de groupes et la virilisation des comportements féminins. Reste encore malgré tout, à conquérir en ce domaine quelques droits pour atteindre un total affranchissement vis-à-vis des lois biologiques (et parvenir au stade *posthumain*, à l'extinction de l'espèce ou au Nirvana ?), mais ce n'est peut-être qu'une question de temps... sur le court terme : le commerce des ventre et des ovules, à savoir la procréation assistée et la gestation pour autrui, auquel viendrait naturellement s'ajouter la pédophilie et toutes les *sexualités extrêmes* dont beaucoup ont déjà discrètement droit de cité (telles la bestialité, l'urolagnie, la coprophilie[60]), et l'euthanasie protégée, encouragée par une législation *ad hoc* dont tous les abus seront juridiquement couverts.

Autant de droits conquis de vive force contre l'arriération mentale du peuple et de la religion réactionnaire par nature et par principe... ou pire, obtenus grâce à une pathétique passivité collective. Des conquêtes qui sont données au demeurant comme autant d'étincelants *progrès* pour toujours plus de *Liberté*. Bien entendu ce *progrès* est purement imaginaire. Car les idéologues de la permissivité qui le promeuvent savent excellemment en cacher les effets désastreux. Conséquences dont toutes ne sont pas différées ou reportées *sine die*, mais qui se font souvent immédiatement et durement ressentir, à commencer par la solitude, la maladie, la déchéance et la mort. Pensons aux malheureux sidaïques et à toutes les

---

[60] La zoophilie était licite et admise sans restriction en Allemagne jusqu'en février 2016 avant d'être interdite [lefigaro18fév16]. Édifiante aussi l'affaire de ce chef du protocole de M. Valls ministre de l'Intérieur : « un gendarme exemplaire » mais pratiquant la coprophilie de groupe dans les égouts de Berlin et dont les ébats hors normes étaient filmés à des fins commerciales . Pris en flagrant délit sur la Toile, celui invoqua pour sa défense « son droit inaliénable à sa liberté sexuelle ». Il fut question à son endroit de *sexualité extrême* [lefigaro.fr10oct10].

maladies sexuellement transmissibles et plus ou moins incurables.

Nul n'ignore la relation forte existant entre le divorce et la délinquance juvénile. Phénomène si indéniable que cette gênante question est résolue, non point en la niant comme il est d'usage à l'ordinaire, mais en l'oubliant purement et simplement ! Ajoutons que si quelques-uns paraissent s'y retrouver dans cette grande foire du sexe et de la consommation *ad libitum* ce n'est bien entendu pas le cas de tous : jamais la solitude n'a été aussi grande que dans nos sociétés hyper massives et nos cités hyper densifiées. La prolifération des sites de rencontres et le recours extensifs aux réseaux sociaux en témoignent. Dans la foule immense des anonymes qui se laissent prendre aux mirages, combien de victimes, de ratés existentiels, de couple instables dès avant dislocation, de femmes battues. Parce que personne ne veut voir le rapport existant entre l'émancipation des femmes, l'américanisation des mœurs, l'importation d'us et coutumes étrangers à nos cultures, la surmultiplication des couples mixtes... et la démocratisation, voire la banalisation, des violences conjugales. Cette relation existe pourtant !

L'imaginaire dévastateur de la contre-culture virtuelle

Gageons et espérons que tout ceci ne sera que transitoire, que les sociétés se trouveront contraintes et forcées de revenir aux *fondamentaux*... comme l'ont dit de nos jours. Contraintes de revenir en arrière par les immanquables chocs en retour qui ne manqueront pas de se produire... parce que consécutifs à des réformes sociétales violemment transgressives et négatrices de l'ordre naturel. Parce qu'il ne faut évidemment pas compter sur la raison. Raison dont l'usage se limite à cautionner ou à légitimer voire à « rationaliser » des choix culturels et éthiques ontologiquement aberrants... Choix dont hélas beaucoup se font les complices par stupidité, lâcheté, conformisme, intérêt ! Qui ne voit que les *superwomen made in Hollywood,* n'existent que sur les écrans des salles obscures ? Certes il est des femmes exceptionnelles, d'endurance physique et de valeur intellectuelle... mais en aussi petit nombre que les hommes qui leurs correspondent, et encore... À ce titre l'égalité de tous en général est intrinsèquement fausse. C'est une idée mortelle qui trouve son inepte conclusion dans l'égalité de sexe comme négation des hiérarchies naturelles existant et se formant à l'intérieur de chaque groupe humain. Idéologie qui conduit à des sélections non sur la qualité intrinsèque de chaque individu indépendamment de son sexe, mais à la promotion d'inaptes (singulièrement en politique), ceci au nom de la sacro-sainte parité. Entendons-nous bien, hiérarchie ne signifie pas infériorité, inéluctable domination des uns par les autres, mais juste et parfaite complémentarité entre des positions, des fonctions, des statuts et des rôles.

J'entendais l'autre jour un savant imbécile trouver l'idée selon laquelle un esclave dût être loyal et fidèle à son maître, « *aujourd'hui si choquante* » ! Faut-il que les cervelles contemporaines soient à ce point devenues déficientes pour ne pas être totalement pénétrées de l'idée contraire : tout l'ordre social antique reposant sur l'esclavage, il ne pouvait y avoir d'organisation sociale hors de la confiance des maîtres dans leurs serviteurs dont la place était parfois si éminente au sein de la famille qu'elle allait jusqu'à assurer le service religieux des mânes[61], soit

---

[61] Fustel de Coulanges (1830/1889) « La cité antique » 1864.

le culte des ancêtres. Et ne parlons pas des affranchis dont le rôle social fut central tout au long de l'Antiquité gréco-latine. Le méchant film[62] "Agora" qui censément relate la destruction de la bibliothèque d'Alexandrie par des fanatiques chrétiens aux allures de takfiristes wahhabites, exalte en ce sens un esclave trahissant son maître… et c'est là en fait toute la vision anachronique et perverse des fabricants d'imaginaire inverti et de mémoire falsifiée qui pilotent la planète Hollywood, digne pendant de Manhattan et de ses usuriers faux monnayeurs.

Quels droits et jusqu'où ?

Des droits donc, toujours plus de droits, cela est bel et bon, mais quels droits et jusqu'où ? Les droits en soi vus comme un progrès automatique ? Plus de droits, plus de liberté, *plus belle la vie* ? Alors de quels droits s'agit-il ? Le droit de voler, de tuer à satiété, quand bon vous semble, quand la fantaisie vous en passe par la tête ? Quelles limites

---

[62] « *Agora est un péplum philosophique hispano-maltais d'Alejandro Amenabar diffusé en 2009* » dans lequel la philosophe païenne Hypatie est interprétée par Rachel Weisz [wiki]. Celle-ci, pour preuve de son émancipation, jette sa serviette hygiénique au visage de l'un de ses disciples ! Une liberté d'esprit corrélative de sa capacité à concevoir le système héliocentrique copernicien avec douze siècles d'avance. Rachel Weisz s'est faite connaître par ses rôles dans *La Momie, Eragon, Stalingrad*. Dans ce dernier film elle incarne une judéenne bolchévique innocente et persécutée. Dans *Agora*, film exemplaire par sa christianophobie et peu embarrassée de vérité historique, elle joue aux côtés d'Oscar Isaac, d'Ashraf Barhom et d'Oshri Cohen. La journaliste anglaise Emma Forest a interrogé l'actrice pour la revue new-yorkaise "Index Magazine" [2001], selon elle « *les gros pontes d'Hollywood pensent que le métier d'actrice est réservé aux "shiksas"* [souillures]… *ils ne veulent pas que leurs propres femmes y participent… [car] le métier d'actrice est de la prostitution* ».

à cette débauche de droits ? Pourquoi, à l'instar de Donatien de Sade[63] ne pas revendiquer tous les droits sans exception ? Acteur de la Révolution, Sade était en avance sur son temps en nous livrant une vision prémonitoire du *meilleur des mondes* selon Yves St Laurent[64] et sa « *Vilaine Lulu* », pratiquante décomplexée des sacrifices humains. Tous les droits sauf évidemment le seul crime automatiquement punissable, celui qui consiste à contredire les vertus *suis generis* du progrès et les incandescentes lumières de la modernité, celles qui exigent la subversion de toutes les valeurs d'antan et la libération totale des passions, même les plus sordides.

---

[63] « *Français, encore un effort si vous voulez être républicains* », appel public qui s'insère avant le cinquième dialogue de "La Philosophie dans le boudoir ou les instituteurs immoraux" DAF Sade 1795. Philosophie du *tout ego* qui se retrouve en 1967, certes sous une forme certes édulcorée et appétissante, libérale-libertaire, dans le « *Vivre sans entraves, jouir sans temps mort* » du Situationniste Guy Debord.

[64] Sadisme et morale anoméenne sont au menu de « La vilaine Lulu », ce chef-d'œuvre d'*humour noir* d'une icône de la libération sexuelle, à savoir le couturier déjanté Yves St Laurent amant de Pierre Bergé, parrain d'Emmanuel Macron, et promoteur de cette bande dessinée, apologue métaphorique de pratiques satanistes. « La vilaine Lulu » est à ce titre une » *petite fille espiègle* » portant un regard » *drôle et curieux sur le monde* ». Cette bande dessinée est d'un « *style naïf* [presque] *enfantin* », « *l'ensemble est mordant et drôle* » ! Album illustré livre vendu au rayon Jeunesse de sites tels qu'Amazon ou Fnac.com.

Le *fun* masque le premier degré

Après tout peut-être ne sommes-nous pas si loin de ce radieux horizon, si ce n'était l'habillage des mots et l'hypocrisie ambiante : l'avortement sans restrictions, l'euthanasie sans souci, ne relèvent-ils pas déjà du *droit inaliénable* qu'exaltait le *Divin marquis,* droit de tuer par convenance, jouissance ou confort ? Tout comme la libération du commerce des stupéfiants, l'abus de substances toxiques, *addictives* et à terme mortelles, l'abolition de la peine capitale (cet encouragement à peine déguisé à occire et à récidiver sans risque exagéré), sont autant de *droits* à donner la mort qui ne disent pas leur nom !

La vile engeance des réactionnaires

Les réactionnaires, ceux par exemple de la "Manif pour tous" pour la sauvegarde de la famille, sont des gens – entendu sur la chaîne publique d'Arte – qui veulent « *interdire des droits* »… « *Habituellement on manifeste pour obtenir des droits, là on manifeste pour interdire des droits aux autres* ». Donc équation oblige, "*interdire des droits aux autres*" c'est refuser la liberté, le mieux-être social, c'est piétiner le "pauvre". Et *interdire la liberté aux autres*, c'est assurément, opprimer. Chacun doit être libre de ses débordements, non contraint, non restreint… Quoi de plus vil, de moins noble que de bloquer la marche irrésistible de l'humanité vers la liberté et l'égalité totales. Il ne serait évidemment pas venu à l'esprit de la gourdasse du Service audiovisuel public que les droits des uns soient la plupart du temps des non droits pour d'autres. Le droit au confort sexuel de l'avortée ne se fait-il pas au détriment du droit à la vie du fœtus voué par prédestination progressiste à terminer sa brève carrière sur une aire de service dans un sac de voirie ?

Nous ne reviendrons pas sur le parallélisme homothétique droit/devoir. Reste que pour ceux qui ne sont pas d'accord avec la minorité, il leur reste un droit absolu, celui de *"fermer leur gueule et de cracher au bassinet"* (fiscal) puisque tous ceux qui aspirent à l'irresponsabilité et pour beaucoup, au parasitisme social – fausses mères célibataires *parent-isolé* et vraies concubines de conjoints polygames ou handicapés du poil dans la main et apôtres de l'éthylisme au long cours – ont un *droit* absolu à tous nos égards et surtout *droit* à notre indéfectible solidarité, c'est-à-dire de prospérer et de s'épanouir grâce au travail d'autrui. Mais attention, chut ! Il faut se taire, car il est interdit de dire que le soleil est à son zénith à midi et non à minuit, cela sous peine de la plus sévère réprobation, voire des plus dures sanctions.

L'individualisme mortifère

« *L'individualisme est d'origine démocratique, et il menace de se développer à mesure que les conditions s'égalisent... Chaque classe venant à se rapprocher des autres et à s'y mêler, ses membres deviennent indifférents et comme étrangers entre eux. L'aristocratie avait fait de tous les citoyens une longue chaîne qui remontait du paysan au roi ; la démocratie brise la chaîne et met chaque anneau à part.*

À mesure que les conditions s'égalisent, il se rencontre un plus grand nombre d'individus qui, n'étant plus assez riches ni assez puissants pour exercer une grande influence sur le sort de leurs semblables, ont acquis cependant ou ont conservé assez de lumières et de biens pour pouvoir se suffire à eux-mêmes. Ceux-là ne doivent rien à personne, ils n'attendent pour ainsi dire rien de personne ; ils s'habituent à se considérer toujours isolément, ils se figurent volontiers que leur destinée toute entière est entre leurs mains.

Ainsi, non seulement la démocratie fait oublier à chaque homme ses aïeux, mais elle lui cache ses descendants et le sépare de ses contemporains ; elle le ramène sans cesse vers lui seul et menace de le renfermer enfin tout entier dans la solitude de son propre cœur »

Alexis de Tocqueville (1805/1859)
« De la démocratie en Amérique » 1835

Ne croyez pas que l'individualisme soit l'antonyme du grégarisme. Bien au contraire nous sommes en présence de deux termes complémentaires formant unité. Les foules anonymes sont en effet des agglomérats de monades[65] closes sur elles-mêmes, sans porte ni fenêtre sur le réel, s'agitant au sein du brouillard virtuel qui les enveloppe. Monades qui s'agrègent le temps d'un dimanche d'hiver comme un certain 11 janvier 2015, lorsqu'une forte décharge voltaïque les a agglutinées après les avoir traversées et fait s'agiter convulsivement les membres inférieurs de ce grand amphibien collectif acéphale.

L'homme civilisé "animal social"

Nous sommes à l'âge de l'individualisme. Généralement plus on est *individualiste* et moins l'on est *individualisé*. L'homme, *Aristoteles dixit*, est un "animal politique", autrement dit "social". Ajoutons grégaire – voir les moutons de Panurge[66] – et mimétique. Sauf en des circonstances particulières, l'homme craint la solitude autant que le chien redoute de perdre son maître. L'homme moderne, celui de la πόλις [Cité] grecque, était parvenu à s'affranchir de la promiscuité primitive, celle des sociétés

---

[65] La monade est étymologiquement l'unité [μονάς]. Ici prise au sens leibnizien, elle est l'élément vital minimal, soit une forme substantielle élémentaire… une sorte de miroir reflétant l'univers réduit à la seule doxa, l'opinion flottante, erratiques des masses et de leurs mentors. Les foules apparaissent ainsi être des agglutinats de monades sans conscience ni mémoire individuelles, soumises aux courants émotionnels qui les traversent et les tétanisent, tels la peur, l'espoir, l'avidité, la haine…

[66] François Rabelais (1483/1553) *in* « Le Quart Livre » 1552.

archaïques – non égalitaires comme voudraient nous le faire croire les chantres d'un fantaisiste communisme originel – dominées par les forts, les violents, les cruels, chefs et sorciers. Comme dans l'Afrique des forêts (l'idylle originelle si complaisamment décrite par les humanitariens et autres fumistes prompts à encenser le « *bon sauvage* » façon Rousseau), où le pouvoir traditionnel à l'ombre des arbres à palabres, s'accompagnait le plus souvent du règne de la terreur quotidienne[67]. Un monde de magie noire où les *mal lotis* se réveillaient chaque matin en se demandant s'ils n'allaient pas être désignés par le féticheurs comme les prochaines victimes vouées à apaiser le ressentiment des *esprits*. À l'heure actuelle certaines pratiques cannibales n'ont d'ailleurs pas disparues d'Afrique occidentale, mais il est de bon ton de les passer sous silence… Car dire les choses dans leur crue nudité, ne point appartenir au grand corps sans tête de la multitude *démocratique,* ou qui se croit telle, par exemple n'être point Charlie et à contre sens se déclarer Donbass, n'est-ce pas là pas une forme de *révisionnisme* qu'il s'agit urgemment de corriger à défaut d'en être châtié ?

---

[67] Les libres prisonniers de guerre des tribus amazoniennes Tupi-Guarani attendaient, sans chercher à s'évader et en toute connaissance de cause, d'être rituellement abattus avant d'être dévorés par leurs hôtes. Parce qu'en cas de fuite la forêt les eut engloutis encore plus sûrement. En ce cas mieux valait la compagnie de leurs semblables et la prolongation de leur existence à durée indéterminée, qu'être immanquablement vouée aux crocs aigus du jaguar. Voir « La Tragédie cannibale Tupi-Guarani » Isabelle Combes 1992.

La démo-aristocratie athénienne

Ainsi la civilisation moderne née de la *démocratie* athénienne – qui était en réalité une aristocratie citoyenne composée d'armateurs, de commerçants et de soldats laboureurs – était parvenue à façonner des individualités à la fois libres et unies (du mieux possible) dans la défense des intérêts vitaux de la Cité, aussi bien que pour son administration ordinaire. D'ailleurs seuls quelques milliers de citoyens participent aux scrutins que ce soit à l'Ecclesia et moins encore à la Boulê (le Conseil des Cinq-Cents). L'histoire de la civilisation occidentale sera à partir de là celle des droits personnels, ceux des *hommes libres*, par opposition à ceux qui se trouvaient assujettis à la condition *servile*. Mot qu'il ne faut pas prendre dans toute son acception contemporaine. Gardons-nous bien de croire que les esclaves ne possédaient aucun droit dans la Rome impériale. Mais tel n'est pas notre propos. Ce droit des *gens* trouvera l'une de ses expressions achevées dans l'*habeas corpus*[68]. Et comme le note judicieusement l'écrivain Amin Maalouf[69], les Croisés apporteront avec eux en Terre Sainte la notion tout à fait inédite des droits individuels pour la plus grande satisfaction des *fellahs* [paysans] jusqu'alors

---

[68] L'*habeas corpus ad subjiciendum et recipiendum* définit la liberté fondamentale de ne pas être pris de corps sans jugement. Un principe juridique déjà présent dans le droit romain, que stabilise en Angleterre l'Habeas Corpus Act de 1679.

[69] Amin Maalouf « Les croisades vues par les arabes » 1983 à propos de « *la capacité des occidentaux à s'organiser autour de la notion de droit pour établir des règles efficaces de dévolution du pouvoir* ».

soumis à l'arbitraire des pouvoirs traditionnels et de l'ordinaire *despotisme oriental*[70].

Propos liminaire utile pour comprendre que la civilisation moderne s'est bâtie sur un équilibre subtil entre les pouvoirs souverains, les multiples corps intermédiaires et la personne en tant que telle. Cet équilibre sera détruit par la Révolution qui, en écrasant la hiérarchie des pouvoirs sociaux (loi Le Chapelier du 14 juin 1791 proscrivant les corporations de métiers, les rassemblements paysans et ouvriers, le compagnonnage), va laisser l'individu seul face au Moloch étatique. Dès lors l'État déifié, érigé en parousie [fin/achèvement] de l'histoire par l'Allemand Hegel, puis par son suiveur Karl Marx, n'aura de cesse de cannibaliser toutes les enveloppes sociologiques qui protégeaient l'individu et lui permettait d'exister et de s'affirmer en tant que tel. Un processus mortifère n'a jamais cessé de prospérer depuis la dissolution du Parlement de Bretagne en février 1790.

L'individu isolé face au Moloch étatique

De nos jours, les derniers refuges où l'individu pouvait s'épanouir dans le lien social, en tant *qu'animal politique*, s'évanouissent un par un. Les communes se dissolvent dans l'intercommunalité, l'entreprise, hormis artisanale, n'est plus guère patrimoniale et l'État s'ingère jusqu'aux tréfonds de la vie économique et quotidienne de chacun. La tyrannie hygiéniste en est une illustration. Tout est peu à

---

[70] Cf. Karl August Wittfogel (1896/1988), influencé par le proto néoconservateur James Burnham, théoricien de la *domination mondiale*, en 1957 il publie « Le Despotisme oriental ».

peu interdit, voire même réprouvé, exception faite de la dépravation sexuelle explicitement encouragée. L'agriculture paysanne n'est plus que résiduelle et nos villages se meurent au même rythme que se délabrent nos églises. Dernier bastion et refuge de l'individu, la famille est en cours de déconstruction accélérée, battue en brèche par tous les encouragements à ce qu'autrefois, il y a peu encore, l'on nommait la *débauche*. Autant de comportements que la loi réprimait et que la morale réprouvait. À présent ce sont ceux qui stigmatisent l'extravagant relâchement des mœurs – et de tous les sphincters sociétaux – qui sont réprouvés voire sanctionnés… pour *révisionnisme* éthique, autant dire pour *crime contre la pensée* unique et sourdement totalitaire.

L'individu n'existe donc plus là où l'État décide seul de ce que nos pensées et nos actes se doivent d'être. Quand la Bureaucratie céleste dit le *bien* et le *mal* dans l'arbitraire le plus absolu et fixé par la Loi (en refus et négation de tout bon sens, de tout ordre naturel ou transcendant), quand la dite Bureaucratie établit la tyrannie du *Bien* suivant ses propres critères, quand les figures *nominales* défient la réalité du monde, quand l'empire des mots et des abstractions s'imposent – *"le mariage pour tous"* ce sophisme, l'Égalité et la Liberté sans contenu – alors l'individu vidé de toute substance, anonymisé, se voit englouti dans une termitière à visage infra humain. L'archipel du goulag mental est certes plus doux que celui du septentrion sibérien, mais il n'en est pas moins déshumanisant, au contraire, car il est sans espoir et ne possède que peu d'échappatoires.

En marche vers l'extra animalité sociétale

Plus l'homme s'éloigne de l'animal politique aristotélicien, plus il sort du règne… animal et humain ! Les pratiques de sexualité extrême – celles d'un Strauss-Kahn, ministre puis directeur du Fonds Monétaire International, adepte de la sodomie brutale, ou celle, de ce chef du protocole de la place Beauvau habitué des égouts de Berlin et de la coprophagie de groupe... tous excipant de leur Liberté et du *respect de leur vie privée* – encouragées et plus encore admirées par des gens réputés normaux, ne sont pas régressives en tant que telles, cela est pire ! Dans cette course à l'abîme l'on se demande quelle sera la prochaine étape. Pourquoi pas les sacrifices humains que « La vilaine Lulu » pratique sous forme ludique [71] ? Le cannibalisme branché déjà en vogue sur internet[72] ? Concluons

---

[71] Voir note 63. Présentation du site commercial Amazon : « En 1967, Claude Tchou publie "La vilaine Lulu", la seule BD écrite et dessinée par Yves Saint Laurent. Dans un style naïf, presque enfantin, Yves Saint-Laurent se moque parfois avec cruauté, souvent avec humour, toujours avec intelligence, de ses contemporains, de ses proches, du milieu de la mode et des mœurs de l'époque. L'ensemble est mordant et drôle, et n'a pas pris une ride ».

[72] En 2001, une dizaine de milliers de réponses furent faites à l'offre d'autophagie *in vivo* offerte par Armin Meiwes le dépeceur de Rothenburg sur un site *dédié* au cannibalisme. Plus près : au cours de l'été 2014, un policier allemand se trouve accusé d'avoir tué et dépecé un homme rencontré en ligne [nouvelobs.com22août14]. Comme pour le sieur Strauss-Kahn, la rhétorique est partout identique, leurs avocats plaidant pour « *le libertinage, le libre choix de pratiques sexuelles entre adultes consentants, droits inaliénables reconnus par la Cour européenne des droits de l'homme* ». Les accusés se présentant chaque fois comme victimes de « *croisades aux relents puritains et liberticides, attentatoire au droit à la vie privée* ». Or, comme l'a rappelé la présidente du tribunal correctionnel appelé à juger M. Strauss-Kahn pour proxénétisme aggravé, celle-ci entend bien être « *la gardienne de la loi et non pas de l'ordre moral* ». Ce qui, comme le soulignait déjà en mars 2012 maître Frédérique Beaulieu, l'un des conseillers du prévenu, serait la *négation* de l'État de droit. Resterait à savoir quelles

provisoirement que cette vertigineuse déstructuration comportementale fait sortir l'homo sapiens de la classification des espèces et le place presque en deçà de la bête, hors du règne animal ! À ce stade nos sociétés ne sont plus très éloignés des Morlocks que le visionnaire HG Wells imagine dans « La Machine à explorer le temps » [1895] ou des créatures involutives qui peuplent les ruines des citées perdues qu'imagina Robert E. Howard.

Chacun aura donc compris que l'atomisation, et corrélativement l'uniformisation sociale, la réduction de la personne à une monade formatée par les corsets réglementaires et les injonctions hypnotiques de la publicité commerciale, au total une massification désindividualisante amorcée dès les premiers jours la Révolution, présentent le risque de conduire le processus d'*hominisation* dans une impasse[73]. C'est d'ailleurs là le plus grand progrès visible, celui d'une involution du genre humain, la régression *féodale* (selon la vision contemporaine selon laquelle la période féodale aurait été un âge de ténèbres) de nos sociétés sous la férule d'une poignée d'oligopoles et sous la conduite de Grands initiés messianiques, adeptes de la *tabula rasa* et de *la rédemption par le péché,* c'est-à-dire de la négation de la Loi !

Le drame est que l'homme moderne, trop souvent soumis aux séances de lavage de cerveau télévisuelles, soit des heures et des heures de décérébration quotidienne, se

---

valeurs précises sont désormais fondatrices du droit hors le caprice sado-libertaire que prône l'idéologie dominante ?

[73] Théodore Monod (1902/2000) : « *L'homme aura manqué sa chance de devenir humain* » 1999. Conversation avec l'auteur.

coule dans ce moule sans douleur apparente… en ayant apparemment abandonné tout exercice de la raison critique, et même de la raison tout court. C'est ce qu'a fait entrevoir la marche à l'abîme des lemmings du 11 janvier, ces malheureux qui ne pouvaient soupçonner qu'en battant le pavé ils acquiesçaient à la guerre. Conflit bifront, où l'Occident crépusculaire est à la fois en confrontation quasi ouverte avec la puissance russe orthodoxe – l'un des antagonismes culturels théorisés en 1993 par Samuel Huntington dans son « Choc des civilisations », lequel, bien entendu, ne concerne pas uniquement l'Islam – en Ukraine, mais aussi en guerre en Syrie, dernière entité politique arabe à se maintenir plus ou moins souveraine, vaille que vaille, les armes à la main dans la brasier du Levant.

Quelques-uns cependant persévèrent dans un refus obstiné de se fondre tout à fait dans la masse…

JE NE SUIS PAS CHARLIE

Les Valeurs fondatrices

La Liberté

> **Jean Jaurès (1859/1914)**
> « Le premier des droits de l'homme c'est la liberté individuelle, la liberté de la propriété, la liberté de la pensée, la liberté du travail »

> **Attribué à Lénine (1870/1824)**
> « Le peuple n'a pas besoin de liberté, car la liberté est une des formes de la dictature bourgeoise..." Le peuple veut exercer le pouvoir. La liberté ! Que voulez-vous qu'il en fasse ? »

Poursuivons notre exploration relative à ce mystère épistémologique qu'est l'opposition droite/gauche. Mystère parce que la vérité n'est évidemment ni de gauche ni de droite, elle est en-soi. Encore faut-il admettre qu'il existe une réalité objective indépendante des parti-pris et des préjugements idéologiques. Un antagonisme sur lequel les modernes ont choisi de s'affronter en une épuisante *guerre civile froide et chaude* en alternance, commencée en l'espèce voici deux siècles[74]. Aberrant couple moteur qui épuise nos forces et

---

[74] Ne croyons pas naïvement que la République se soit installée sans heurt dans nos esprits et nos mœurs depuis 1789 ne s'étant fixée dans les esprits, et de manière durable que depuis 1875. Outre deux empires

stérilise nos efforts. Mais n'est-ce pas là la vocation de la démocratie que d'éparpiller, d'émietter, de diluer le pouvoir politique pour mieux le réduire au seul jeu des forces économiques et financières ou des intérêts partisans ?

Cette nouvelle étape établira le rapport d'autopsie du premier de ces deux idéaux architectoniques que sont la Liberté et l'Égalité. Quant à la Fraternité, elle viendra par la suite en tant que paramètre unificateur ou résultante des deux précédents archétypes. En effet la « fraternité » ne joue dans la configuration épistémique qui nous intéresse, qu'une fonction subsidiaire d'*interface* entre l'un et l'autre des deux pôles organisant notre champ politique et social. En fait, il est le troisième *moment* du concept formalisant l'*Idéalité*[75] républicaine en tant qu'épistémè ou paradigme sociétal. Nous y reviendrons...

Au préalable notons que ces super *Valeurs* réputées universelles n'ont bien entendu ni le même sens ni le même contenu pour tous et en tout temps. De là à imaginer que la

---

et les deux monarques de la Restauration, les deux siècles passés ont été scandés par des épisodes révolutionnaires de fortes amplitudes et plus ou moins sanglants : 1830 Révolution de Juillet dite des Trois Glorieuses ; 1848 Révolution française dans le cadre du Printemps des peuples qui balaye l'Europe ; 1871 Commune de Paris avec ses destructions patrimoniales proprement effarantes ; 1944 Révolution communiste dont le bilan humain sera supérieur à celui de Terreur de 1793/94 ; Mai 68 Révolution culturelle que sanctionne l'arrivée de la Gauche libérale-libertaire et néo-trotskyste aux Affaires en mai 1981.

[75] Chez Platon la réalité n'est qu'illusion hors la forme ou matrice idéelle (le ciel des Idées). De notre point de vue, l'idéalité dont il est ici question est la forme (la structure) organisatrice, délimitant le champ sémantique de la représentation et de sa logique ou dynamique d'action afférente.

démocratie libertaire/égalitaire relèverait d'un jeu de miroirs et d'une mise en abîme, le pas est vite franchi ! Dans la vie courante ces principes censés unir divisent parce que la Liberté des uns n'est bien entendu pas celle des autres. Idem pour l'Égalité, aussi inaccessible que la quadrature du cercle n'est résoluble. Dès l'origine, l'idée, en principe consensuelle, est le lieu d'un navrant quiproquo. Le ver était dans le fruit dès sa formation. Un vice natif de la *philosophie* des « Lumières » dont les penseurs raisonnèrent essentiellement sur des abstractions. Ce qui en dit long sur leur absence d'expérience directe, concrète des choses de la vie… ou sur l'aveuglement volontaire de gens qui ne sortaient de leur cabinet de travail que pour le commerce des élégances de l'esprit dans les salons courus.

Un défaut de méthode et une tare de l'esprit qui perdurent aujourd'hui plus que jamais chez nos faiseurs de modes intellectuelles, des gens souvent pensionnées par l'État *vache à lait* et sempiternellement promus par les copinages médiatiques et communautaristes. Deux siècles après la Révolution nous payons encore et toujours la distorsion que les idéologues ont introduit dans la perception du réel aux fins, non de plus justice, mais afin de subvertir l'ordre régnant – lequel deviendra *l'Ancien régime* – et de s'emparer des rênes du pouvoir. Rousseau, pas plus que Marx, n'est idéologiquement mort et ces grands faux esprits continuent de polluer la pensée de ceux de nos contemporains qui se montrent incapables de confronter des constructions intellectuelles (oniriques) avec la réalité tangible dans sa dure et sévère vérité.

Nous n'insisterons pas davantage sur cette grave maladie génétique de l'esprit, nous laisserons ce soin à de plus experts. Notons simplement que la démocratie – et c'est l'une de ses grandes déficiences – encourage, en récusant toute hiérarchie de la pensée (insupportable à sa mystique égalitariste), les insuffisants mentaux à contribuer à la cacophonie ambiante... Ainsi dans ce concert de grenouilles démesurément enflées, le barbouilleur dont les graffiti sont accrochés aux cimaises des musées, se voit (et se trouve désigné) comme l'égal des plus grands... Et la critique béate autant que vénale le donne pour tel : Basquiat[76] égale Rembrandt !

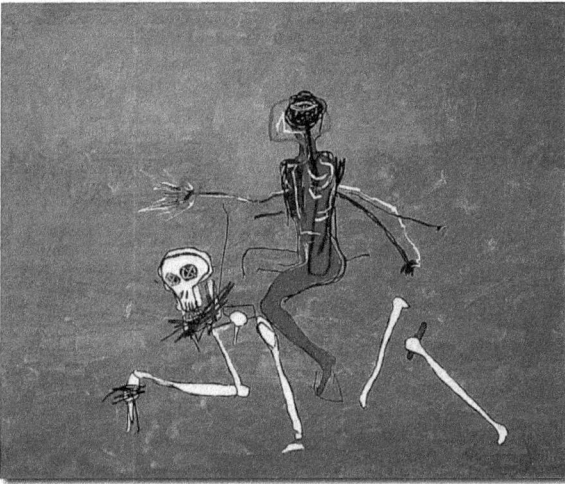

Basquiat 1988

N'importe qui y va de son *opinion*, chacun revendique *le droit* imprescriptible de *penser* et de faire connaître le résultat de ses élucubrations. Tout cela forme un merveilleux terreau que sarclent et ensemencent assidûment les idéologues professionnels, ces semeurs de broussailles mentales, ces marchands de sable qui font miroiter aux yeux des chalands de la pacotille transmutée en gemmes

---

[76] Jean-Michel Basquiat, peintre afro-américain homosexuel et drogué, célèbre pour ses graffiti de pissotière, est né à Brooklyn le 22 décembre 1960. Il est mort sidaïque le 12 août 1988.

étincelants. C'est ainsi que se font élire des incapables majeurs qui ruinent et étrillent la foule de jobards assez niais pour gober (au-delà du raisonnable) leurs discours chantournés. Hélas le rêve et l'espoir terrestres se situent plus souvent dans la maison du mensonge que dans celle des vérités libératoires. Aussi n'est-il pas neutre que le mensonge se présente régulièrement comme l'incarnation du souverain Bien et que ceux qui le dénoncent pour tel, deviennent par contrecoup, l'expression active du Mal...

Le Mal, cette part maudite qui réside en l'homme, mais uniquement dans l'homme *égoïste* parce que *possédant,* arc-bouté sur ses privilèges, ses avantages, ses biens, ses certitudes et son confort moral et matériel. Celui qui se refuse cyniquement à partager ou accueillir (surtout le premier venu). Renoncez à vos biens (nécessairement *mal acquis*, à la sueur du pauvre et sur son dos) et vous accéderez illico au paradis d'ici-bas[77]. Évitons également

---

[77] Il serait erroné de croire que la condamnation par le marxisme de la propriété privée (et avant lui par le fondateur du socialisme Pierre Joseph Proudhon (1805/1869) lorsqu'il écrivait imprudemment en 1840 « *La propriété c'est le vol* ») ne devrait toucher que les *moyens de production*. Il s'agit de la propriété en soi. Une idée persistante qui n'a jamais désarmé. On le voit aujourd'hui à travers les projets récurrents de supertaxation du logement patrimonial visant à créer un impôt sur le loyer fictif considéré comme un revenu dès lors que l'emprunt de l'achat (du bien immobilier) serait remboursé. Ce qui revient à faire verser un loyer par le propriétaire à l'État. L'on voit ici que la propriété n'est plus un droit mais le plus court chemin vers une nouvelle forme de servitude dès lors que posséder revient à n'être que l'occupant payant (le locataire) d'un bien appartenant à la collectivité incarnée par la bureaucratie étatique. Les régimes fiscaux constituent à ce titre un moyen sûr et progressif d'élimination des classes sociales déclarées indésirables. Les lois de taxation foncières ont de cette façon plus sûrement éradiqué l'ancienne aristocratie que la guillotine.

de tomber dans le piège qui nous est tendu en croyant voir dans ce discours controuvé et culpabilisateur, une traduction moderne de Luc chapitre XII verset 21 : « *Il en est ainsi de celui qui amasse des trésors pour lui-même, et qui n'est pas riche pour Dieu* ». Précisons que le Christ ne condamne que la richesse stérile, égoïste - *celui qui amasse pour lui-même* – mais non en soi ni pour ce qu'elle apporte.

Liberté, liberté chérie

Notons d'entrée de jeu que si le concept est totalement abstrait, de grandes divergences se font jour quant à l'interprétation et au contenu de la chose. À gauche la Liberté, érigée en idole est de fait sacralisée. D'où ce L majuscule qui désigne une entité aux contours brumeux relevant d'une expérience proprement ineffable, presque irrationnelle. Cette Liberté est en effet perçue dans l'instant, une impression, un *état d'âme* (pour qui en possède une), plus qu'elle ne s'appréhende et se comprend. Une émotion plus qu'un sentiment. L'ingénieur polonais Ferdynand Ossendowski, dans sa biographie romancée de Lénine (1931), brosse le tableau saisissant de l'ivresse de *liberté* qui anime des paysans alors qu'ils incendient la demeure de leur "barine"… « *le plus beau jour de ma vie* » se pâment-ils ! Précisons que le hobereau victime expiatoire de la suicidaire catharsis de paysans *de facto* déjà *libres* – parce que le servage a été supprimé en mars 1861 par Alexandre II – est fréquemment, non un vil exploiteur, mais un chef de communauté bienveillant, paternel et secourable.

Nous voyons dans ce récit que la Liberté se conquiert par l'*opprimé* supposé contre un *oppresseur* tout pareillement putatif. De là à dire que la réalité de l'oppression est dans ce cas fortement subjective… et que cette folie subjectiviste se substitue à la réalité vraie et finit par s'imposer en tant qu'absolu. N'est réellement et subjectivement pauvre que celui qui se sait ou se croit pauvre ! Il ne s'agit évidemment pas de nier ici la violence qui peut exister dans les rapports de production en l'absence de tout frein moral ou contrôle social. Il suffit de se sentir ou de se penser opprimé et de crier haro sur l'*exploiteur* désigné, tout est ici une question de mots. Car est opprimé celui à qui l'on enseigne qu'il l'est... tout en lui inculquant le désir empoisonné d'une miraculeuse liberté. Liberté qui s'avérera plus tard n'être souvent qu'un affreux mirage. Contradiction : les salariés qui n'ont de cesse de casser l'outil productif ou de le ralentir par la grève parce qu'ils s'estimaient lésés ou qui vivent dans l'aigreur d'une sourde rancœur à l'égard *du patron*, pleurent misère quand l'usine ferme !

Tel est l'un des multiples paradoxes de la revendication et de l'aspiration à une liberté dont l'idée est presque toujours nourrie – sauf chez le prisonnier – d'exigences irréalistes et de l'incapacité de voir plus loin que l'instant présent... Inutile de dire que les paysans russes que décrit Ossendowski, une fois dessoûlés, vont rapidement découvrir ce que recouvrait le slogan léniniste « *la terre vous appartient* »... à savoir la dépossession de leurs biens et une persécution sanguinaire par ce même régime qui leur avait promis une liberté sans contenu et en fait les méprisait jusqu'à les exterminer sans l'ombre d'un scrupule[78].

---

[78]   Voir   sciencespo.fr/mass-violence-war-massacre-resistance/fr/document/crimes-et-violences-de-masse-des-guerres-civiles-russes-1918-1921 par Nicolas Werth. Dans le discours léniniste (cf. « Comment organiser l'émulation ? » déc. 1917), les paysans propriétaires sont assimilés à des « *insectes nuisibles* », des « *poux* », de la « *vermine* », des « *microbes* ». Il faut écrit Lénine, « *épurer* », « *nettoyer* », « purger » la société russe des « *puces* », des « *punaises* », des « *parasites* » qui l'infectent. Traduites dans les faits ces idées

Lénine 1920

Au final, à gauche, la notion de *Liberté* est consubstantielle de celle d'oppression. Oppression de l'employeur, de la famille, des aînés, des nantis, des blancs sur les gens de couleur... la Liberté ne se penserait adonc, mécaniquement, qu'en termes manichéens de *méchants* et de *bons* : ceux qui *affranchissent* et ceux qui humilient et pressurent. Hélas s'il suffisait pour être *bon* d'être

---

humanistes conduisirent les bolcheviques, au cours de l'été 1921, au traitement par les gaz de combat des paysans insurgés de la province de Tambov et à des déportations massives des populations de cette nouvelle Vendée... 12 juin 1921, Toukhatchevski sur ordre de Trotsky, fait « *nettoyer les forêts où se cachent les bandits au moyen de gaz asphyxiants* ». Juillet 1921, il fait ouvrir 7 camps de concentration où sont regroupées les « *familles des bandits insurgés* ». Ces camps comptent, fin juillet 1921, environ 50 000 personnes, en majorité des femmes, des vieillards et des enfants. Le typhus, le choléra, la disette y font des ravages. En automne 1921, la mortalité y atteint 15 à 20% par mois. Au total 100 000 paysans et de leurs familles seront déporté et 15 000 exécutés. Dès 1918, l'État bolchevique se trouve confronté à 245 révoltes paysannes. En 1919, des régions entières passent sous le contrôle des paysans organisés en bande de plusieurs milliers, voire dizaines de milliers d'hommes. Le système collectiviste étant intenable, l'industrie étant en ruine et la famine sévissant (5 millions de morts), Lénine doit inverser la vapeur avec la NEP instituée le 12 mars 1921.

prolétaire – comme synonyme d'innocent et de persécuté – cela se saurait et l'univers serait simplissime ! Bien entendu, parce qu'enchaîné à perpétuité le *"peuple de gauche"* est invité à se battre contre les atteintes à la liberté, la leur, la seule qui soit juste et fondée en droit. Certes cela serait bel et bon si *la France d'en bas* censément ouvrière, n'était en train de passer de l'autre côté de la barricade, autrement dit dans le camp populiste. Parce que tout démontre que la révolution humanitarienne en cours n'est plus celle de tribuns populaires, mais qu'elle est avant tout celle d'une nouvelle bourgeoisie intellectuellement apatride autant qu'étrangère à ce bon peuple qu'elle est prétend défendre et qu'elle revendique sans vergogne comme étant son étymologie politique… alors qu'il n'est que le paravent philanthropique derrière lequel elle se dissimule.

C'est ainsi, dans ce monde orwellien qui est nôtre, qu'au nom de la Liberté et de l'émancipation des *travailleurs* et des plus *démunis* (tous réduits à la portion congrue par le *système*) s'exerce désormais une tutelle sourdement coercitive des plus perverses, fondée sur le postulat implicite que la société ne saurait être composée que d'opprimés et d'oppresseurs. Une version actuelle et démarquée de la lutte des classes (il est toutefois indéniable que les rapports de forces sont omniprésents dans les relations humaines entre autres dans le procès de production et particulièrement en Occident à l'époque de la révolution industrielle[79]), cette chimère sociologique sur laquelle se

---

[79] Non pas que les luttes entre classes sociales n'existassent point. Des luttes, perpétuels mouvements de convexion, agitent les sociétés humaines de la plus simple à la plus complexe, mais les luttes intestines pour l'hégémonie, qu'elles soient de factions ou de groupes dominés – les serfs descendants des vaincus des anciennes guerres – sont l'un des

fonde le messianisme athée nommé par Engels et Marx, *matérialisme historique (ou dialectique).*

Un combat perpétuel qui se joue paradoxalement aujourd'hui (mais très logiquement car toutes les révolutions, sans exception, sont *bourgeoises,* autrement il ne s'agit que de révoltes ou de jacqueries) à front renversé : ce sont les *nouveaux riches* du haut de l'échelle qui dirigent la dislocation et la submersion du Vieux monde tandis que leurs ennemis déclarés sont ceux qui, à la base ou à mi-chemin de la pyramide sociale[80], se montrent peu réceptifs aux sirènes vocalisant les charmes vénéneux de la Liberté sans rivages.

Liberté tissée de droits émergents, non encore tout à fait consolidés (telles la disparition des frontières, le droit à une transsexualité décomplexée associée à une totale mixité des genres et des races). Une revendication de liberté inconditionnelle – en tant que *droit naturel* consubstantiel de l'humain en son essence – qui justifierait l'adoption d'une agressive intolérance présentée comme une posture défensive : l'indispensable *défense des droits* ! Attitude en vérité parfaitement offensive surtout à l'égard de ceux qui

---

éléments de la nature sociale, non une fatalité absolu et non pas l'unique moteur de l'histoire.

[80] L'on parle volontiers à présent de « la France d'en haut contre celle d'en bas », or la distinction entre « centre » et « périphérie » (métropoles contre zones rurales et provinciales) que l'on doit au franco-égyptien d'obédience marxiste, Samir Amin (né en 1931), paraît infiniment plus pertinente puisque sans référence à une quelconque verticalité *classiste,* mais à une spatialisation préfigurant le nouveau partage du monde entre nations (encore) souveraines et intégration mondialisante.

renâclent à embrasser les nouvelles normes sociétales et qui se trouvent (silencieusement) frappés d'*indignité nationale*, forme discrète de la mort sociale… « *Pas de liberté pour les ennemis de la liberté* » disait Saint-Just[81] (1767/1794). C'est-à-dire pour ceux que *nous* républicains et démocrates déclarons nos ennemis ! Ceux qui entendraient restreindre ou limiter nos *droits*.

St Just

Loin de nous l'idée que les persécutions, religieuses, sociales, ethniques soient une illusion. Position qui serait un comble pour nous qui vivons plongés dans le goulag mou du politiquement correct, ostracisés chroniques des grands médias et interdits de plateaux télévisuels dans une société

---

[81] Maximilien de Robespierre (1758/1794) « *le gouvernement de la République est le despotisme de la liberté contre la tyrannie* ». Le 26 février 1794 Saint-Just clamait à la tribune : « *Ce qui constitue une République, c'est la destruction totale de ce qui lui est opposé… Le sang est le lait de la liberté naissante* » car « *la liberté n'a pour lit que des matelas de cadavres* ».

qui pourtant se gargarise de diversité et de pluralité. Parce que cette exclusion ne doit rien au hasard, elle ressort d'une politique de proscription délibérée pour les récalcitrants au nouvel ordre moral... Amoral devrions-nous dire ! Une asphyxiante restriction d'expression qui réduit de façon extraordinaire tout autant que draconienne la libre parole, la faculté de communiquer, de penser et finalement la capacité d'être tout court.

C'est que la dictature du Bien (et quel bien !) en guerre ouverte contre l'ordre antérieur, interdit de croire ou même d'imaginer qu'auparavant une autre vérité que la sienne ait pu prospérer... Qu'il eut put exister – avant le « *passage de l'ombre à la lumière*[82] » - autre chose que la représentation du monde qu'elle nous impose aujourd'hui. L'arasement de la mémoire ne permet tout simplement pas de l'imaginer. Un dénommé Apathie, vedette de pacotille des lucarnes, voulait à ce propos démolir Versailles[83]. Il avait raison, le passé est un témoin trop gênant pour ne pas l'effacer une fois pour toutes. Rien ne doit s'interposer (surtout pas la mémoire de la grandeur) entre le démiurge démocratique et la République en marche vers un avenir radieux. Les salafo-wahhabites[84] veulent également supprimer toute

---

[82] Le 10 mai 1981, l'histrion et futur ministre de la Culture Jack Lang avait déclaré lors de l'élection à a présidence de M. François Mitterrand, que la France venait de passer « de l'ombre à la lumière ».

[83] Socialiste et journaliste radio célèbre pour sa médiocrité, né en 1958. Il ne devrait peut-être pas passer à la postérité pour ses propos iconoclastes à la manière d'Érostrate qui prétendit à l'immortalité mémorielle pour avoir incendié en 356 av. JC l'une des Sept merveilles du monde antique, le temple d'Artémis à Éphèse.

[84] Voir « Les Égarés » JM. Vernochet 2013.

intermédiation entre eux et la divinité, ce pourquoi tous les témoignages, jalons de l'histoire, qui pourraient s'intercaler dans la foi exclusiviste du croyant, doivent retourner au néant.

C'est identiquement une question de survie pour nos farouches modernistes... tant sont fragiles les bases sur laquelle les modernes tyrannies de l'esprit reposent. Pour masquer les vilenies présentes il faut ternir, discréditer à défaut de faire disparaître tout élément de comparaison, toutes les images et vestiges d'un grand passé... Témoins qui risqueraient de nous rappeler ou de nous apprendre que le monde existait bien avant 1789, et avant même 1981, avec les Lang, Jospin, Albanel, Azoulay, Macron & Cie, tous fantoches de l'ordre nouveau et de la *Tabula rasa* culturelle.

La Liberté, pilier constitutionnel

La Constitution du 24 juin 1793 « *proclame, en présence de l'Être suprême, la déclaration suivante des droits de l'homme et du citoyen* », laquelle dispose en son Article 9 que « *La loi doit protéger la liberté publique et individuelle contre l'oppression de ceux qui gouvernent. Art. 33 – La résistance à l'oppression est la conséquence des autres Droits de l'homme. Art. 34 – Il y a oppression contre le corps social lorsqu'un seul de ses membres est opprimé. Il y a oppression contre chaque membre lorsque le corps social est opprimé. Art. 35 – Quand le gouvernement viole les droits du peuple, l'insurrection est, pour le peuple et pour chaque portion du peuple, le plus sacré des droits et le plus indispensable des devoirs* ».

On aura bien compris que la liberté se confond et s'assimile dans ces articles à des *droits* tangibles... et intangibles. Par ailleurs, constatons que de nos jours (toujours au nom de la Liberté et de La République), le droit de *résistance à l'oppression* (intellectuelle pour ne prendre que ce cas) est devenu un songe ou un risque, et souvent un délit par intention… Un mot de travers sur les réseaux dits sociaux, vous expose à de pharamineuses amendes et à de l'embastillement. Voire pire dans des démocraties aussi avancées que la France ou l'Allemagne. Nous renvoyons au cas de ces vieillards[85] parfois semi grabataires, jugés *déviant* par l'écrit ou la parole et que des gouvernements socio-démocrates poursuivent férocement pour les réduire au silence. Qui sont à ce motif emprisonnés plus longtemps que beaucoup d'authentiques criminels de droit commun, assassins et violeurs. Ceci dans le silence complice, dans l'indifférence des intelligentsias et des médiacraties qui s'arrogent pour elles-mêmes, et pour elles seules, le monopole d'une expression libre… au service exclusif d'une anti-pensée monopolistique. Un homme politique vient d'en faire, une fois de plus, l'expérience, en voyant son immunité parlementaire européenne levée pour l'emploi d'un seul mot apparemment tabou[86].

---

[85] Nous pensons ici à l'avocat allemand Horst Mahler, âgé de 81 ans, membre fondateur de l'organisation Fraction armée rouge dans les années 1970. Condamné à 11 années d'emprisonnement depuis février 2009 pour crime contre la pensée (délit d'opinion), il est libéré en juillet 2015 pour raisons médicales après avoir été amputé d'une jambe. Le parquet de Munich ayant fait appel de cette décision il est sommé de regagner sa cellule avant le 19 avril 2017 et ce, pour une durée de trois années et demie supplémentaires. Le vieil homme décide alors de refuser d'obtempérer et de s'exiler. Réfugié en Hongrie, il en est rapidement extradé vers l'Allemagne démocrate.

[86] Le 25 oct. 2016, le Parlement européen, à la demande de la justice française, levait l'immunité parlementaire de Jean-Marie Le Pen poursuivi pour incitation à la haine raciale. En juin 2014 ce dernier avait épinglé une brochette d'artistes hostiles à ses positions politiques.

De ce point de vue la démocratie, incarnation du Bien et du Peuple, concepts *a priori* réputés souverains, ne saurait souffrir la discussion, elle revêt un caractère sacré que nul ne peut avoir la faculté de contester. Cependant la sentence de Saint-Just *pas de liberté pour les ennemis de la liberté,* est bel et bien reprise – certes en termes plus édulcorés - par la charte universelle des Droits de l'Homme 10 décembre 1948 en son article 29 alinéa 3 : « *Ces droits et libertés ne pourront, en aucun cas, s'exercer contrairement aux buts et aux principes des Nations Unies* ». Article qui annule et met à bas tout l'édifice en déclarant que les dispositions de la dite charte ne s'appliquent pas à ceux qui n'y adhèrent pas – c'est-à-dire ne s'y soumettent pas – inconditionnellement. Faut-il en outre souligner l'impossibilité logique où se trouvent enfermés les grandes idées directrices de nos démocraties ? Des énoncés qui se heurtent de plein fouet au *principe de non contradiction* selon lequel il est interdit d'affirmer et de nier simultanément une même proposition[87].

Or comment peut-on proclamer un droit principiel tout en lui imposant immédiatement des limites abstraites ? En outre, il devrait être question de concilier, par exemple, la liberté d'expression avec la Déclaration des droits de l'homme et du citoyen dans la mesure où « *La liberté*

Notamment Patrick Bruel, Madonna et Yannick Noah dont il avait dit : « *On fera une fournée la prochaine fois* ». Propos qui avaient suscité de l'indignation au sein de la classe politique, M. Patrick Bruel, de son vrai nom Maurice Benguigui, auteur-compositeur-interprète et joueur professionnel de poker, étant né juif algérien.

[87] Aristote : « *Il est impossible qu'un même attribut appartienne et n'appartienne pas en même temps et sous le même rapport à une même chose* » Métaphysique livre Gamma chap3.

consiste à pouvoir faire tout ce qui ne nuit pas à autrui... [Quoique] *ces bornes ne peuvent être déterminées que par la loi* ». Mais qui fait la loi ? Selon quels critères et suivant quelle échelle de valeurs ? Sous la Vᵉ République, le Parlement fixe ces limites. La loi, censée être l'expression de la volonté générale (l'on sait que les *majorités* ne sont que le paravents de groupes de pression et de minorités proactives) peut donc sanctionner les *abus* de cette liberté. Toujours est-il que de nos jours la pornographie a libre cours et que l'analyse historique critique est prohibée et parfois durement réprimée lorsqu'elle effleure certains domaines que la loi interdit même de nommer ! Pensons à cet article de loi logomachique autant qu'oxymorique établissant que certaines opinions n'en seraient pas étant données qu'elles seraient en soi constitutives de délits... d'opinion ?

Dès lors La liberté d'expression n'est pas ou plus la liberté d'exprimer sa pensée mais le devoir de ménager celle des *autres*. Au risque de terribles troubles à l'ordre public je ne puis en conséquence aborder que des sujets plaisant à tous, non susceptibles d'offenser ou de blesser quiconque. La Déclaration de 1789 établissait en son Art. 4 que l'exercice des droits et libertés fondamentaux exposés n'avait en fait de limites « *que celles qui assurent aux autres membres de la société la jouissance de ces mêmes droits* ». Or, étant parvenus aux antipodes de cette proposition, l'individu ou la minorité proactive se trouve en droit et moyens d'ignorer la majorité ! Les élections législatives de juin 2017 ont montré qu'en France il est possible, eu égard aux mécanismes institutionnels, d'obtenir quasiment les pleins pouvoirs avec un électorat ne représentant que 14% des électeurs inscrits. Ce qui serait impensable dans tous les conseils d'administration du secteur privé !

Maintenant si l'on s'attache de façon plus précise à la liberté d'expression, il faut dénoncer ceci : si en effet la Déclaration des Droits de l'Homme et du Citoyen de 1789 formant préambule dans les Constitutions françaises du 27 oct. 1946 (IVe République) et du 4 oct. 1958 (Ve République), a fortiori ses dispositions relatives à la liberté d'opinion et d'expression[88], doivent en principe s'y trouver de la manière la plus formelle. Des dispositions qui se retrouvent presque à l'identique dans l'Article 19 de la Déclaration universelle des droits de l'homme du 10 déc. 1948 : « *Tout individu a droit à la liberté d'opinion et d'expression, ce qui implique le droit de ne pas être inquiété pour ses opinions et celui de chercher, de recevoir et de répandre, sans considérations de frontières, les informations et les idées par quelque moyen d'expression que ce soit* ». Pourtant devrait-on induire de faits récurrents depuis quatre décennies qu'une certaine interprétation judiciaire de nos deux dernières constitutions (lesquelles ignorent leurs dispositions fondamentales en matière de liberté d'opinion et d'expression) que la faculté de dire, écrire, communiquer relève de l'arbitraire juridique et de la toute-puissance de minorités dictatoriales ?

Il est maintenant hautement significatif que l'essentielle liberté d'expression (et en amont de penser), ne figure plus de facto qu'à titre ornemental dans les Constitutions ayant suivi et prolongés les événements révolutionnaires de 1944... Constitutions durablement obérées par le poids politique d'une gauche d'obédience

---

[88] Article 11 « la libre communication des pensées et des opinions est un des droits les plus précieux de l'homme : tout citoyen peut donc parler, écrire, imprimer librement, sauf à répondre de l'abus de cette liberté dans les cas déterminés par la loi ».

marxiste-léniniste dont l'influence ne commencera à décliner qu'au seuil des années soixante-dix. Il faudra attendre février 1976 et le 22e congrès du Parti communiste français pour que celui renonce à la doctrine totalitaire de la dictature du prolétariat. Autrement dit à l'exercice d'un despotisme absolu, non pas de la part des masses ouvrières, mais de celle de la poignée d'apparatchiks dirigeant le Parti communiste français jusque-là totalement aligné sur les oukases de la IIIe Internationale (Komintern).

La liberté c'est l'esclavage

Contrairement aux apparences cette théocratie messianique s'est survécue et même s'accomplit au XXIe siècle dans le Système libéral-libertaire qui œuvre par d'autres voies, mais de la même manière, à l'effacement des frontières, à l'abolition des nations et à la fusion des peuples. Hier il s'agissait d'internationalisme prolétarien, aujourd'hui de gouvernance mondiale et de transhumanisme.

D'une façon ou de l'autre, les individualités sont destinées à l'écrasement et à la dilution dans la masse. Nous savons ce que recouvre la conversion aux valeurs démocratiques de l'Orient proche au moyen de *guerres justes* ou le formatage des peuples du Vieux Continent, par la persuasion et la culpabilisation ontologique, aux vertus de la modernité c'est-à-dire au rejet de tout héritage traditionnel ou de toute loi morale ayant un caractère transcendant. La démocratie prétend affranchir les hommes en liquidant à la fois ceux qui incarnent et symbolisent leur souveraineté, rois ou dictateurs, savants rebelles et sages résistants et en les libérant de toutes contraintes limitatives dans l'expression de le leurs instincts les plus asociaux comme les plus égocentrés. Référons-nous à George Orwell et à ses trois lois d'airain : « La guerre, c'est la paix. La liberté, c'est l'esclavage. L'ignorance, c'est la force ».

Une liberté sans limites vers laquelle se ruent les foules persuadées qu'elle est source d'ineffables délices. Ne nous a-t-on pas assez tympanisés que la gauche émancipatrice (maintenant culturellement *libérale*) a pour dessein et vocation de nous délivrer du carcan d'un insupportable *ordre moral* ? Le progrès étant en somme la disparition tendancielle des contraintes engendrées par la *morale naturelle* (inhérente à la nature de l'homme) pour toujours plus de Liberté sauvage[89]. Mais que ne ferait-on pas pour libérer l'humanité des préjugés, des stéréotypes raciaux, de genre et autres (on ne parle plus de classes sociales parce que non pertinentes étant en grande partie dépassées). Bref, la liberté, consiste à abolir toutes les lignes de démarcation dessinant la carte anthropologique et physique du monde. D'un trait de plume les montagnes sont arasées, les vallées comblées et les fleuves coulent à contre-pente et la mémoire n'est plus que celle de l'oubli. La liberté n'est désormais ici plus qu'une absence de contrainte (dans certains domaines) garantie par la loi.

Ce pourquoi les mirages de la gauche on tant de succès : ils s'adressent à un profond instinct, ce que

---

[89] Une liberté qui se paye au prix fort en ce qui concerne une licence des mœurs encouragée dès l'adolescence (et même dès la sortie de l'enfance) et que sanctionne les maladies sexuellement transmissibles dont le fameux papillomavirus, l'avortement et ses séquelles, les déchirements affectifs, les vies gâchées. Or des droits sexuels sont reconnus et enseignés aux plus jeunes. Des droits qui s'exercent pour les mineurs en négation de toute autorité des ascendants. Ainsi une adolescente engrossée peut se passer de tout consentement parental pour se faire avorter.

d'aucuns nommeraient le cerveau reptilien. Instinct de la satisfaction immédiate, de la gourmandise et du désir irrépressible, de la boulimie. L'ivrognerie sexuelle comme toutes les addictions, à l'instar de la paresse (le moindre coût énergétique), de la lâcheté ou de la consommation compulsive à laquelle nous invite le harcèlement publicitaire, tendent à corroborer le monisme matérialiste de l'» *homo œconomicus* ». Achevant de cette manière la complétion de la théorie marxiste qui ne voyait la création de plus-value qu'à partir du *producteur* en omettant l'*acheteur*... le moteur économique à deux temps, fait succéder la destruction à la production.

Vivre sans entrave et jouir sans temps mort

Le droit de tout faire selon son bon plaisir est-il l'acmé de la liberté ? Le slogan des Situationnistes pré soixante-huitards, résume assez bien la philosophie de la société consumériste trouvant son apothéose dans la messe dominicale du supermarché et celle plus ordinaire du libre-service... La liberté alors se résume à la seule liberté de consommer sans restriction[90]. La notion de devoir étant

---

[90] Une récente jurisprudence (cf. Associations familiales catholiques (AFC) contre Gleeden, "site féminin numéro un de rencontres extraconjugales") vient de reconnaître aux femmes volages le droit irréfragable à l'infidélité, autrement dit à la consommation extraconjugale dans et sur le dos du conjoint. À l'évidence une indéniable avancée du droit qui cependant par l'article 212 du Code civil impose toujours des devoirs entre époux, entre autres celui de fidélité. Notons que nous pataugeons en pleine incohérence puisque de la loyauté contractuelle a été réaffirmée par réforme récente du droit des contrats [voir bvoltaire.fr13fév17]. On voit mal d'ailleurs comment des partenaires industriels et commerciaux pourraient dénoncer des accords sans respect de formes contraignantes et codifiées. Le mariage n'est-il

obsolète, les droits (*sans obligation ni sanction*[91]) priment quant à la liberté de jouir selon son caprice et son humeur. Nous sommes par contre fort éloignés du « *fais ce que voudras* » de l'utopique abbaye de Thélème de François Rabelais (Gargantua 1535) dont la liberté était d'une autre nature, créatrice et altruiste.

Constatons à ce propos que la société pose dans son discours le primat d'une apparence d'altruisme (la Solidarité), en faisant passer les droits (la liberté de jouir, d'un logement d'un travail, de l'aide de l'État, de son corps et de celui des autres) avant les devoirs. Elle promeut *de facto* l'égocentrisme le plus cynique pour ne pas dire le plus noir. Jouissez aujourd'hui, demain viendra plus tard… Ce qui revient à nier tout ou vouloir ignorer tout lien de causalité entre les actes et leurs effets. Telle est la liberté juridiquement octroyée puisque l'État prend largement en charge les conséquences fâcheuses des comportements libertaires en application de droits prévus et reconnus par la loi… tel le droit à une sexualité déviante, précoce ou débridée. L'État prend alors intégralement en charge l'avortement, les maladies vénériennes (qui ne sont en rien accidentelles), subvient aux besoins des mères célibataires, fournit de substantielles allocations aux drogués, aux alcooliques et autres naufragés plus ou moins volontaires, déserteurs des intolérables contraintes de la vie en société.

---

pas, dans sa forme républicaine, un contrat qu'il conviendrait également de respecter ?

[91] Jean-Marie Guyau (1854/1888) « Esquisse d'une morale sans obligation ni sanction » 1885.

La gauche caviar, issue du grand dérangement de mai 68, refuse elle, en bloc, toute contradiction, toute barrière, toute frontière, toute véritable responsabilité. Cette gauche délocalisée, mutante et nomade appartient au monde gazeux des bureaucraties transnationales, celles des méga groupes commerciaux et industriels. Elle fonctionne sur le mode de la dilution de la responsabilité, cultivant au sommet l'anonymat et la décision collective. Ceci démontre qu'à présent le libéralisme économique était faussement connoté comme étant *de droite* : le socialisme, à l'image des communistes chinois, s'est approprié l'économie de marché, faisant de la pensée libérale l'un des éléments clefs de la pensée unique, et ce qui a toujours son épine dorsale idéologique depuis 1789. Les libéraux à l'origine étaient les révolutionnaires, soit une bourgeoisie décidée à renverser l'ancien ordre, à prendre le pouvoir, les masses ne jouant dans cette farce tragique que le rôle du cochon déterrant la truffe du pouvoir. Octobre 1917 répond à cette même règle puisqu'ouvriers et paysans se soumirent à une caste de révolutionnaires professionnels, parfaitement étrangers à la Russie profonde et au prolétariat industriel ou paysan.

Liberté et responsabilité

Observons que l'appétence pour l'absence de toute contrainte revient à exonérer l'individu de toute responsabilité quant aux conséquences de ses actes. Mais il est vrai que dans nos société imprégnée de marxisme celui-ci est un déterminisme (au sens philosophique) d'où la liberté réelle est bannie : le criminel n'est pas responsable de ses actes, car c'est, dit-on, la société (la classe des propriétaires accapareurs) qui est coupable en affamant des classes laborieuses exploitées et jetées sur le pavé en tant que variable d'ajustement. Rappelons que les défenseurs d'un ordre social et moral strict, à la fin du XIXe siècle, à l'époque où Karl Marx [1818/1883] écrivait *Das Kapital*, étaient pourtant les héritiers directs des Conventionnels enrichis grâce aux rapines des *biens nationaux* arrachés au clergé et aux émigrés. Manque de chance encore, ce sont des membres de la bourgeoisie et de l'aristocratie apostate qui en France en 1789, puis en Russie en 1905 et en février 1917, conduisent les révolutions. Ce sont ces mêmes bourgeoisies qui devenues freudo-marxistes ont abandonné le patriotisme et la morale des grands anciens et se sont à présent ralliées au cosmopolitisme militant en faveur d'un monde déraciné, sans frontières où la licence des mœurs est de rigueur sur fond de mixité *cool* sociale et raciale.

Bref la gauche considère toujours le prolétaire comme la victime du système (mais plus pour longtemps, le désamour est en vue) de sorte qu'il ne saurait être vraiment responsable de ses actes aussi délictueux soient-ils. La bourgeoisie émancipée fait à ce sujet preuve d'une délectation immodérée à l'égard des grands criminels. Ceci en vertu de l'axiome rousseauiste selon lequel l'homme est/serait fondamentalement bon, seule la société le pervertissant. Il faut dès lors accuser des crimes et délits commis par les bandits et assassins, ceux qui, et eux seuls, ont intérêt à ce que perdure l'inique système d'exploitation de l'homme par l'homme terreau de toutes les délinquances. Dans une société invertie, l'inversion accusatoire est de rigueur : le véritable responsable des émeutes de Bobigny[92] n'est pas la racaille en folie, mais la

---

[92] Flambée de violences en soutien au *jeune* Théo victime présumée d'un viol lors de son interpellation en Seine-Saint-Denis, le 2 février 2017. Une manifestation avait rapidement dégénéré en émeute le 11 du même mois… voitures brûlées, bâtiments saccagés, les affrontements avec les forces de l'ordre s'étaient poursuivis plusieurs heures. Des événements qui ne sont pas sans rappeler l'embrasement des banlieues d'octobre 2005. Ajoutons que la famille de Théo Luhaka, victime des

droite patriotique qui entretient un climat de défiance et de peur !

Toutefois comme il serait plutôt difficile après un siècle et demi d'instruction publique et laïque ainsi que d'État providence, de tout mettre à charge des seules catégories sociales jouissant d'une certaine aisance, Freud et la critique destructive de la famille ont été appelés à la rescousse. S'y sont ajoutées des thèses environnementalistes, le racisme, l'exclusion, les banlieues, le différentiel culturel pour ces néo-prolétaires que seraient les immigrés. D'où la nécessité de toujours plus... d'enseignants, d'écoles, de fonds publics (et leur corrélat : toujours plus de fardeau fiscal), de services sociaux et d'assistance, d'associations subventionnées, de médiateurs... Le sous-prolétariat nomade importé n'étant a fortiori ni responsable ni coupable de ses actes, seuls le sont ceux qui s'obstinent à refuser et à bloquer la grande révolution libérale-libertaire qui tient en quatre mots : *laissez faire, laissez passer...* Sans souci du lendemain ni de l'abysse qui s'ouvre sous nos pieds !

À l'opposé la *droite* tendrait à considérer l'individu comme relativement maître de son destin et en majeure partie *responsable* : son libre arbitre, autant que faire se peut, lui permettant d'être récompensé de ses efforts et sanctionné pour ses fautes. Il ne saurait dans cette perspective y avoir de liberté sans assumer la responsabilité et les conséquences de ses choix. La liberté, insistons, suppose l'autonomie de décision et la faculté de discriminer

violences policières, est réputée avoir détourné quelque 700 000 € au titre d'une association de lutte contre la radicalisation islamiste.

(et donc de choix) entre le bien et le mal, entre ce qui est bon et mauvais, utile et néfaste.

Au demeurant l'*autonomie du consentement* s'apprend tôt quoique le discernement, le sens moral et la capacité d'anticiper soient très inégalement répartis entre les individus. Telle est la dure loi de l'hérédité. Que sous cet angle, il infiniment dangereux et ridicule de prétendre octroyer des droits sexuels à de jeunes mineurs, immatures et non encore préparés à comprendre et avoir conscience de la portée de leurs actes et de leurs conséquences. Il également vrai que la société libérée des préjugés d'antan s'acharne à brouiller la vision de tous en gommant et en vilipendant toute les hiérarchies de valeurs à commencer par la distinction entre le beau et le laid (le culte de l'art contemporain et de ses onéreuses déjections en témoigne) ou le bien et le mal comme le ressassent les œuvres littéraires et cinématographiques dont les admirables héros sont trop souvent des tueurs patentés, mercenaires et psychopathes, ou encore des marginaux, décavés, cocaïnomanes ou alcooliques.

À droite, l'homme se trouve confronté au défi du Bien et du Mal. À partir de cette alternative originelle il se construit et gravit la pente existentielle. Ce n'est pas une mince affaire d'autant que les prêtres, les directeurs de conscience qui pouvaient l'assister dans cette épreuve se font ces temps-ci de plus en plus rares. L'homme n'étant pas foncièrement bon à l'état de nature, mais guidé par des instincts dénaturés, il doit apprendre le bien dès le berceau. Naguère il était d'usage de dire que *pauvreté n'est pas vice* afin de souligner que l'homme, s'il n'est pas poussé par l'urgence de l'extrême besoin, conserve toujours la faculté de ne pas succomber aux tentations mauvaises. Telle est la liberté ontologique de l'homme.

Conclusion provisoire

La liberté, le progrès dans la liberté, est de sorte la disparition de toutes contraintes. « *Fais ce que tu veux selon ton caprice et ton humeur du moment* » est devenu un mot d'ordre général de la société du loisir publicitaire (à condition que cela ne crée pas un préjudice à autrui trop visible ou trop immédiat, les effets différés n'existant pas dans ce monde du jouir dans l'instant, un monde de présent perpétuel… ce qui néanmoins, sans paradoxe aucun, n'exclut pas les *plans de carrière*). Et pour que les uns puissent jouir sans entraves ni temps mort, les frontières sont ouvertes à l'afflux d'un néo-prolétariat à bas coûts importés du Tiers-Monde. À partir de là, la liberté en *progrès* évolue à grande vitesse de la permissivité vers la licence, s'autodétruisant par la même occasion. Or avec une liberté sans limites c'est l'ordre social tout entier qui se délabre… se profile alors le spectre de la guerre, froide ou chaude, de tous contre tous.

La fin de la tyrannie ou la liberté en marche

Égalité

« *Nos espérances sur les destinées futures de l'espèce humaine peuvent se réduire à ces trois question : la destruction de l'inégalité entre les nations ; les progrès de l'égalité dans un même peuple : enfin le perfectionnement réel de l'homme* »
Nicolas Condorcet (1743/1794) « Esquisse d'un tableau historique des progrès de l'esprit humain » 1795.

« *Les français vont instinctivement au pouvoir, ils n'aiment point la liberté ; l'Égalité seule est leur idole.*
Or l'égalité et le despotisme ont des liaisons secrètes »
François-René de Chateaubriand (1768/1848) « Mémoires d'outre-tombe » 1848

« *Jamais société ne put se promettre plus de lustre et de consistance qu'au moment où elle concourut à faire rendre à l'homme ses droits usurpés [spoliés], ceux qu'il tenait de la nature : l'Égalité* »
Circulaire du Grand Orient du 30 juin 1791, le roi est alors ramené de Varennes

« *Dans l'état de nature, les hommes naissent bien dans l'égalité mais ils n'y sauraient demeurer* »
Charles de Secondat, baron de Montesquieu (1689/1755) « L'esprit des lois » 1748

« ... *mais il se rencontre aussi dans le cœur humain un goût dépravé pour l'égalité, qui porte les faibles à vouloir attirer les forts à leur niveau, et qui réduit les hommes à préférer l'égalité dans la servitude à l'inégalité dans la liberté* »

« *Quand l'inégalité est la loi commune d'une société, les plus fortes inégalités ne frappent point l'œil ; quand tout est à peu près de ce niveau, les moindres le blessent. C'est pour cela que le désir d'égalité devient toujours insatiable à mesure que l'égalité est plus grande* »

« *Je pense que les peuples démocratiques ont un goût naturel pour la liberté... Mais ils ont pour l'égalité une passion ardente, insatiable, éternelle, invincible ; ils veulent l'égalité dans la liberté, et, s'ils ne peuvent l'obtenir, ils la veulent encore dans l'esclavage* »

Alexis de Tocqueville (1805/1859) « De la démocratie en Amérique » 1848

Nous savons désormais que la Liberté est une conquête de tous les instants pour se libérer de l'*Oppression* et de toutes les contraintes consubstantielles à l'ordre social et moral né de l'ancien régime, des temps obscurs de l'exploitation de l'homme par l'homme et *in fine* du *capitalisme* (confondu avec la capitalisme industriel et patrimonial du XIXe siècle). Qui dit oppression dit oppresseurs, ce pourquoi l'appétit de Liberté ne peut s'exprimer qu'à travers une lutte contre l'iniquité humaine incarnation matérielle du Mal. Iniquité non naturelle, l'homme étant réputé originellement bon. Le matérialisme athée ayant chassé Dieu, ses penseurs, à travers leurs constructions et leurs mirages intellectuels, ne peuvent néanmoins s'empêcher de recréer des entités métaphysiques tel le Mal (ou a contrario des idoles telles la République) qu'incarneraient les bénéficiaires d'un système social inhumain engendrant l'injustice de par sa seule nature.

Mais reconstruire le monde sur d'autres bases, plus justes, n'est-ce pas croire en la possibilité de changer la nature de l'homme ? D'un coup de baguette magique peut-être en décrétant la fin des hiérarchies (à l'exception cependant des nomenklaturas dirigeantes, des gens de scène, artistes et sportifs brillant dans les arènes), que ce soit dans les rapports de production, la division sociale du travail ou enfin en abolissant les disparités génétiques par décret et bannissement des stéréotypes discriminant... ce à quoi s'emploie le socialisme culturel et le communisme sexuel.

Tel est le programme transhumaniste auquel les Révolutionnaires du XXIe siècle se sont attelés, ne reculant pas devant la radicalité des moyens (la noblesse du but justifiant tous les excès) afin d'éliminer (au moins sociologiquement parlant) tous les individus non réformables pour finalement créer ex nihilo un homme nouveau... Ce que firent sans barguigner les

Conventionnels[93] tout comme le fera le régime léniniste au moyen de l'exil forcé, de la déportation dans les bagnes sibériens, de la mort à grande échelle ou encore les communistes de l'An 44 en internant un million et demi de leurs concitoyens et en frappant d'indignité nationale les élites déclarées faillies. En Russie, de 1918 à 1921, sous couvert de guerre civile, furent éliminées les classes sociales, en réalité les classes d'âge, pouvant faire obstacle à la grande transformation, à savoir la suppression de la propriété privée... source de tous les maux de l'humanité comme l'a formellement identifiée l'illuminé Rousseau[94], calviniste, catholique apostat et grand esprit dévoyé, cela un siècle avant Marx, cet autre archi prêtre des castes sacerdotales à venir au XXe siècle. On s'efforça alors de réaliser sa prophétie annonçant le paradis terrestre après éradication des classes sociales possédantes ainsi que de toute transcendance. Si donc à gauche la liberté se conquiert contre l'Autre par la guerre sociale, à droite elle se gagne sur soi-même, par le dépassement et la pleine assumation de ses choix. L'Islam connaît un même distinguo qui oppose le *petit djihad* sanglant au grand djihad, l'Effort

---

[93] Saint-Just, l'ami intime de Robespierre, l'un des plus forcenés Procuste de la Convention, lançait depuis la tribune, le 26 février 1794 : » *Ce qui constitue une République, c'est la destruction totale de ce qui lui est opposé ... Le sang est le lait de la liberté naissante* [car] *la liberté n'a pour lit que des matelas de cadavres* ».

[94] JJ Rousseau « Discours sur l'origine et les fondements de l'inégalité parmi les hommes » 1755. Ouvrage dans lequel la propriété privée est donnée pour la source de toutes les inégalités et malheurs. Voltaire dans une lettre datée du 30 août 1755 commente ainsi l'opus : « *J'ai reçu, Monsieur, votre nouveau livre contre le genre humain* [...] *On n'a jamais employé tant d'esprit à vouloir nous rendre bêtes, il prend envie de marcher à quatre pattes quand on lit votre ouvrage* ».

intérieur, soit la conquête de la liberté dans l'accomplissement spirituel. En ce sens la liberté ne saurait être que celle de l'individu qui ne se décharge pas par principe de ses erreurs sur autrui ou ne s'auto-exonére pas hors de propos de ses fautes, en accusant le caractère pernicieux, inégalitaire et injuste d'une société hostile qu'il faudrait renverser par la force ou changer de fond en comble par la ruse ou l'érosion réformiste.

L'Égalité second concept superstructural

L'Égalité est le second concept *superstructurant* (au sens que donnait Karl Marx au mot superstructure) du dogmatisme sévissant à gauche. Une notion nimbée d'un brillant halo de bonnes intentions, qui hélas conduit très vite, inéluctablement, à bride abattue, sur une route s'achevant à la géhenne terrestre et les *Grands cimetières sous la Lune*[95]. Un grand maître ès littérature, le finnois Mika Waltari, a fort bien décrit cette dérive dans son œuvre romanesque « Sinoué l'Égyptien » (1945) relatant le règne chaotique de l'hérésiarque Akhénaton (1355/1338). Celui-ci voulut instaurer avec la dévotion du dieu Athon[96] « *père*

---

[95] Georges Bernanos 1938. Auquel fait écho « L'Hommage à la Catalogne » (1938) de George Orwell : « La tragédie espagnole, préfiguration de la tragédie universelle, fait éclater à l'évidence la misérable condition de l'homme de bonne volonté dans la société moderne qui l'élimine peu à peu, ainsi qu'un sous-produit inutilisable ». Remplacez Espagne par Syrie et vous serez au fait de la précipitation torrentielle des événements en cours.

[96] Sigmund Freud *in* « Moïse et le monothéisme » (1939) cru voir l'origine du judaïsme dans le culte d'Aton. Il n'est pas tout à fait abusif de résumer le culte d'Aton par la formule de Pétrone *Sol lucet omnibus* soit « le Soleil luit pour tous ».

et mère de toute création », la domination du Bien et partant, de l'Égalité... *sous le soleil de Satan.* Une entreprise qui se soldera par la ruine du royaume, les épidémies et la guerre. L'empire du Bien, l'amour obligatoire imposés à coups de décrets-lois est à coup sûr celui de la désolation parce que... *celui qui veut faire l'ange, fait la bête*[97].

De l'exigence d'Égalité découle actuellement la quasi-totalité de nos grandes orientations politiques sans que quiconque comprenne de quoi il retourne exactement. Or un vœu pieux ne saurait constituer la charpente d'une philosophie politique. Car il s'agit avant tout, admettons-le, d'un mot fétiche, d'une invocation magique dont le contenu est davantage émotionnel que rationnel. De l'égalité de droit devant la loi ? Oui da ! Du principe d'égalité ressort en effet l'égalité devant les cours de justice ou encore est censé s'exprimer par le truchement du suffrage universel. À la rigueur l'on peut créer les conditions d'un accès égal à la culture et au savoir, ce qui ne veut pas dire que la culture et la connaissance soient bien évidemment à l'arrivée uniformément partagées entre tous. Au contraire même parce que ce sont des domaines où s'expriment les disparités les plus extrêmes entre les individus en fonction de leurs aptitudes ou de l'absence d'icelles[98]. La parité

---

[97] Blaise Pascal (1623/1662) « Pensées », œuvre posthume 1670.

[98] La stupidité consiste à vouloir placer tous les hommes sur une même échelle de valeur ou d'intelligence. La règle étant celle de la diversité la plus extrême : il est des intelligences techniques, manuelles, plus fréquentes que les formes spéculatives de la pensée. En ce sens il peut exister des distances sidérales d'un individu à l'autre, mais tous participent d'un même organisme aux fonctions différenciées. De ce

homme/femme poursuit une égalité idéale mais contredit cette autre égalité basique, à savoir être équitablement jugé, promu ou déchu selon son seul mérite. Dans ce cas l'Égalité apparaît bien pour ce qu'elle est, un mot fétiche et un sophisme assez trivial. Ce peut être à contresens une pitoyable injustice voire une violence faite à l'ordre des choses : en Suède les enfants intellectuellement les plus doués sont automatiquement redirigés vers des classes de moindre niveau pour éviter l'émergence d'un quelconque « élitisme » !

Maintenant que veux dire l'égalité des citoyens devant l'impôt ? Hormis une déclaration purement verbale nous nous trouvons face à face (comme partout ailleurs dès qu'il est question d'égalité) avec la quadrature du cercle car comment réellement concilier égalité et justice ? Et dans ce cas où se situe précisément la justice ? Idem pour l'emploi domaine où l'égalité ne peut être qu'une vue de l'esprit ou encore pour l'égalité homme/femme, laquelle supposerait au préalable l'égalité entre les individus indépendamment de leur sexe. De sorte que l'on peut s'interroger sur l'irrationalisme presque morbide qui baigne et imprègne nos sociétés en mal d'une introuvable égalité… « Égalité » que s'acharnent à vouloir imposer des classes dirigeantes aussi démagogiques d'intellectuellement paresseuses ou déficientes. D'où l'urgente nécessité de procéder à une révision conceptuelle draconienne et à un grand récurage épistémologique.

---

point de vue, vouloir mettre à parité les aptitudes, les compétences, les talents et les dons a quelque chose de sinistre.

Un irréductible inégalitarisme inhérent à la nature des choses

En matière de procédure judiciaire, l'égalité, ou ce qui s'en approche le plus, semble être une équité élémentaire. À savoir être puni à l'identique pour une même faute ou dédommagé avec équité pour tel préjudice, tout comme être pareillement rétribué pour une tâche analogue dans une unité de temps et de lieu. En dehors de ces domaines qu'en est-il ? La nature qui dote très inégalement les individus est atrocement inégalitaire chacun devant faire avec ce qui lui est attribué par une impitoyable loterie génétique… ou pire, eu égard à ce que le sort et les aléas de l'existence lui réserve. Un sujet sur lequel il est loisible de gloser à l'infini. Certains font immensément avec très peu d'atouts, d'autres généreusement nantis n'en font rien. Mais ces vérités élémentaires, aveuglantes, échappent aux religions égalitaristes. Idéologies qui ne sont au fond que des moyens de sidération pour régenter les peuples en les asservissant aux mirages d'un monde idéal, sans haut ni bas, ni beau ni laid, ni forts ni faibles, ni pauvres ni riches…

Égalité morne plaine ! Vitupérer son voisin ou ses semblables parce qu'il semble plus heureux ou parce que l'on ne possède soi-même que peu de prestance, que l'on n'est ni séduisant, ni clairvoyant, ni subtil, ni chanceux n'a pas de sens. Mais l'envie et la jalousie étant des passions gravées au cœur de l'homme, l'égalité apparaît sous son vrai jour : celui d'une religion de la convoitise et du ressentiment (bien entendu nous ne parlons pas des iniquités flagrantes, les dénis de justice contre lesquels tout pouvoir digne de ce nom à le devoir d'intervenir). Les hommes se porteraient mieux s'ils renonçaient à regarder dans l'assiette du voisin, à convoiter sa maison, sa femme et ses biens. Au reste l'on peut toujours tenter personnellement d'améliorer, par de bonnes et judicieuses actions, le *karma* hérité de nos ancêtres, sachant qu'à notre tour nous sommes responsables et serons comptables de la parcelle d'héritage phylogénétique que nos léguerons à nos descendants. Nous ne leurs transmettrons en effet pas seulement un patrimoine physique mais également moral et intellectuel inscrit dans nos gènes. Sujet controversé certes, reste que tout ce qui existe en ce bas monde n'est encore parfois, à l'heure actuelle, ni démontré ni démontrable.

À horizon visible, l'on ne parviendra pas, quelques soient les bonds effectués par les sorciers du transhumanisme ou les progrès des techniques et de la science pédagogique, à faire un génie d'un *minus habens*. S'il suffisait d'un bon terreau sociologique et de bons précepteurs pour faire des Mozart à la pelle cela se saurait. Curieusement personne officiellement ne s'interroge vraiment sur l'actuel effondrement d'un système d'enseignement qui s'épuise à vouloir nier les *différentiels* culturels et ethniques et le rôle des prédispositions ataviques. Un système prétendument éducatif incapable de restaurer ce dispositif élémentaire de gommage des conditions et des origines que seraient l'uniforme ou la blouse !

Nous savons bien que la négation meurtrière du réel est à la base de toutes les utopies. À commencer par l'illusion consistant à croire possible la transmission sans heurt de savoirs d'autant plus complexes qu'ils sont étrangers à la culture source de populations ne possédant pas le bagage héréditaire adéquat[99]. La clef n'est pas adaptée à la serrure.

---

[99] À la fin du XIXe Siècle la question de la transmission culturelle se pose avec acuité à ceux qui entendent transmettre les *lumières de la civilisation* aux peuplades de notre nouvel empire colonial. Certains pensent que l'éducabilité est une chimère... ce que tendrait à montrer

La réussite de quelques-uns n'infirme pas ce constat et, pour être tout à fait pessimiste, encore faudrait-il examiner les limites de ces réussites et leur portée... Ne confondons jamais l'exception avec la règle. Ceux qui tentent de contourner les lois de l'hérédité veulent désespérément ignorer les restrictions imposées par des prédispositions innées et celles des capacités d'acquisition en misant sur la plasticité du cerveau humain, se condamnent à l'échec. Non l'humain ne se réduit pas à un ensemble de normes ou à une construction culturelle, un jeu de *lego* dont il suffirait de déplacer les éléments pour en changer la forme et la nature réelle. À terme les animaux d'élevage et les plantes *forcés*, quelques soient les performances établies, sont généralement voués à la dégénérescence et à la stérilité. Sauf en ce qui concerne des cas précis tels les chevaux de course, des animaux d'élevage de plus en plus rapides grâce à une sélection génétique aussi rigoureuse que savante... au prix il est vrai, hélas, de 95% d'animaux éliminés.

---

aujourd'hui le laboratoire de nos banlieues. Léopold de Saussure [*Psychologie de la colonisation française dans ses rapports avec les sociétés indigènes*. Paris 1899] à la suite de Gustave Le Bon, pose que les caractères mentaux sont héréditaires et invariants. Le Bon postule en effet que la distance séparant la civilisation des *races inférieures* « est trop immense » pour que soit transplanté un système culturel étranger *aux mœurs, croyances, constitutions mentales et institutions* des Européens. Cf. Congrès colonial international de Paris1889. Éditeur Augustin Challamel 1890 p. 67]. Car l'abîme héréditaire entre ces deux « classes » de peuples serait a priori infranchissable [Ibid. p.70]... « Abusé par ses dogmes, réfractaire à l'idée de la race, le Français est persuadé que les espèces humaines ne diffèrent entre elles que par l'éducation. Les profondes divergences mentales qui séparent les races lui apparaissent comme superficielles ; il croit pouvoir en venir à bout facilement et il s'acharne à une lutte stérile contre les lois de l'hérédité » [Ibid. p.10].

L'eugénisme commercial a un prix et dans ce cas il est exorbitant !

Négationnisme

Le progressiste ignore ou veut ignorer les lois de la physique. Il se déclare convaincu que la plasticité adaptative des hominidés est sans limites. Sans doute pour certaines aptitudes basiques, toutefois ces comportements primaires (la virtuosité du livreur de pizzas !) ne sont pas ceux, aussi non négligeables soient-ils, sur lesquels s'édifient les étages supérieurs de la civilisation. La superstition du progrès ne devrait pas rendre aveugle au point d'ignorer la forte capacité des hommes à *involuer*, à régresser collectivement dans la barbarie (les guerres civiles en témoignent), voire à s'abâtardir en l'espace de quelques générations et sans retour possible. Pensons aux *petits blancs* des Hauts du Piton de la Fournaise sur l'île de la Réunion. Certains *progrès* (telle par exemple la diffusion d'une sexualité précoce dans les programmes d'enseignement public à destination des pré adolescents) apparaissent d'emblée comme des facteurs déstructurant de la personnalité et de la construction affective. À telle point qu'il faudrait clairement les considérer plus comme des vecteurs de décadence que d'amélioration du genre humain. D'ailleurs ce type de façonnage de la personnalité en vue d'une reconstruction des comportements sociaux d'où serait exclus tous les *stéréotypes de genre,* ne constitue-t-il pas une forme de conditionnement dont la stabilité ou la pérennité resteront à être vérifiées et validées.

À vouloir faire entrer tout le monde dans le même moule, à nous voir tous égaux, l'on en arrive très vite à vouloir faire entrer les chevilles rondes dans les trous carrés à coups de marteau juridique… Et puisqu'égalité il y a, par définition, les irréductibles différences entre les sociétés ou les individus ne sauraient venir, non de la nature des choses, mais exclusivement de causes extérieures... de l'environnement géographique, du contexte social et puis, toujours de la vilenie des classes dominantes. Si certains peuples ou ethnies sont à la remorque de la modernité, seuls seraient en cause : le colonialisme, l'homme blanc, le capitalisme occidental, et cætera. Car il ne viendrait à l'idée de personne qu'il puisse exister réellement une hiérarchie (naturelle) entre les hommes et de très notables différences entre les sociétés.

L'homme de droite serait en conséquence celui qui nierait le rôle surdéterminant de l'environnement dans la création et le maintien d'inégalités entre les individus et les communautés humaines, ceci afin de justifier des avantages et privilèges produits par des règles injustes... Maintenant nous ne débattrons pas plus avant du juste et de l'injuste. Le sort qui nous est réservé n'est certes pas toujours équitable et le mérite rarement récompensé à sa juste valeur. Faut-il pour autant aller piller le verger du voisin parce que l'ensoleillement y est meilleur et que ce damné propriétaire jouit d'une rente plus favorable de situation ?

Étrange raisonnement qui pour mettre fin à l'injustice – c'est-à-dire à la météorologie infiniment complexe des relations, des interactions et des hasards, ce que l'on nomme ordinairement sort ou fortune – juge impératif d'accorder à tous dès le berceau et par décret *le droit* au bonheur (ou quasiment), dans *le meilleur des mondes possibles*... Un *droit* automatique, sans lutte et sans contrepartie, sans effort ou apport personnels. Quel sera alors la finalité de l'histoire ? Arriverons-nous à cette société hédonique des Éloïs androgynes que décrit HG Wells dans *La Machine à explorer le temps* (1895) ? Avec en arrière-plan des Morlocks anthropophages venant chercher leur tribut quotidien de chair crue dans la tribu garde-manger que constitue les béats transgenres, descendants dégénérés de nos actuels « bobos » et pour lesquels l'histoire s'est arrêtée une fois pour toutes ?

La hiérarchie bête noire de l'égalitarisme

Il ne viendrait finalement pas à l'esprit du sectaire qu'il puisse exister réellement des hiérarchies naturelles, cela en dépit du fait qu'il suffise d'ouvrir les yeux pour en effectuer le constat d'évidence. D'admettre aussi que la condition humaine dans le cadre des hiérarchies sociales ne soit pas réduite à une guerre perpétuelle entre le bas et le haut, mais qu'il puisse également exister une nécessaire coopération et complémentarité entre les différents degrés de l'échelle des talents et des compétences.

Aux yeux de la gauche, toutes les hiérarchies seraient à abolir suivant le principe que nul n'est et surtout ne doit être supérieur à quiconque. Nous avons là l'équation *progrès = égalité = abolition de toute hiérarchie humaine…* sauf, et l'on se demande bien pourquoi, dans le domaine sportif et militaire où le passage au crible est durement intransigeant. Mais l'existence d'une position hiérarchique (celle de *la chaîne du commandement* selon l'expression anglo-américaine) ne préjuge en rien de l'excellence des agents subordonnés à l'autorité hiérarchique, laquelle ne peut s'exercer que proportionnellement à la qualité des personnels. Une armée a besoin de plus de soldats d'élite que de généraux. Idem dans l'entreprise où les bons capitaines se rencontrent moins fréquemment que les bons ouvriers. Ajoutons qu'ouvriers et patrons sont dépendants les uns des autres. Non pas que l'entreprise coopérative (dont théoriquement les salariés sont les actionnaires s'il s'agit d'un établissement de production) et l'organisation collégiale ne puissent exister, elles n'en demeurent pas moins des exceptions. Tirons-en les conclusions qui s'imposent : faire de la hiérarchie le reflet supposé d'une oppression automatique est résolument inepte parce que sans patron pas d'ouvrier et vice-versa. Cela s'appelle la division du travail que le marxisme voulut nier jusqu'à ce que, devant l'effondrement de l'économie soviétique, il fallut bien se rendre à l'impérieuse évidence et rétablir d'urgence la hiérarchie des salaires, des fonctions et des tâches.

Citons à ce propos un auteur remarquable, critique du marxisme mais de l'intérieur : « Lénine voit comme première étape l'égalité formelle des citoyens qu'il définit comme *"l'égalité du travail et du salaire et comme la participation de tous à la gestion de l'État"*. Les citoyens *"travaillent uniformément, observent la même mesure de travail et reçoivent un salaire uniforme"*. L'égalitarisme léniniste va jusqu'à nier toute division du travail, toute différence entre les capacités et les aptitudes... il veut fabriquer un homme type, un homme générique »[100].

L'Égalité refus ou négation de la hiérarchie procède d'une hostilité de principe à l'*incarnation institutionnelle de l'Autorité*. Un principe subversif qui suppose quasiment la subordination du supérieur à l'inférieur. Ce qui ne saurait être entièrement dénué de sens pour le personnel politique censé être au *service de la nation*. La réalité est évidemment toute autre à une époque où la représentation politique née du régime des Partis est pour certains astucieux une activité hautement lucrative[101] compatible avec un bagage moral (et

---

[100] Michel Collinet « Du bolchevisme » 1957 p. 90. Ouvrage remarquable.

[101] On le voit avec la multiplication des affaires, la classe politique élue pratiquant un népotisme relativement indécent à défaut d'être

intellectuel) assez limité : on sait que de nos jours les professionnels de la politique n'ont fréquemment aucune expérience de la vie réelle ou du monde de l'entreprise. Leur carrière se déroule pour l'essentiel, sans heurt, dans les couloirs et les salles de réunion de leur formation politique puis dans ceux des conseils et assemblées parlementaires...

Aujourd'hui les hiérarchies apparentes s'estompent alors qu'apparaissent de nouvelles méthodes de gestions des personnels et de manipulation des foules, lesquelles créent et entretiennent le mirage d'une égalisation de surface. Pensons aux méthodes de gestion de la *démocratie participative* associant le sujet individuel ou collectif à sa propre sujétion pour mieux la lui faire avaliser.

Notons enfin que ceux qui se montrent hostiles aux hiérarchies, sont les mêmes qui adulent ou font aduler ces aristocraties de pacotille que sont les *peoples* tout en s'insurgeant – uniquement pour les meilleurs d'entre eux – contre les menaces bien réelles pesant sur la biodiversité ! À contre sens la diversité humaine (ethnoculturelle et psychique) ne trouve pas grâce à leurs yeux. Heureusement la nature demeure par essence inégalitaire sans quoi l'humanité en serait peut-être déjà réduite à n'être qu'un vaste troupeau bovinisé paissant la savane... ou mieux, dans le monde marin, un tapis de limaces herbivores. Pourquoi chercher de l'injustice dans la hiérarchie alors que

---

proprement illégal (l'ancien premier ministre Fillon candidats malheureux aux élections présidentielles d'avril/mai 2017). La dernière affaire en date touchant Ferrand, directeur de campagne et ministre du Président Macron dont l'un des éléments phare de son programme électoral visait précisément la moralisation de la vie publique.

bien comprise, celle-ci permet au monde des hommes de s'organiser en fonction des aptitudes et des talents afin d'établir une saine et fructueuse division du travail, sachant que tous, en principe, devraient « œuvrer pour tous » ?

La justice discriminante synonyme d'Égalité

Le principe d'une Égalité entre humains, peuples et races étant postulé sans discussion possible, toute inégalité relève de facto de l'injustice. Laquelle régnera sur terre tant que toutes les conditions sociales n'auront pas été uniformisées. Ceux qui s'opposent à ce nivellement sont donc des ennemis de la justice (des immoralistes) et partant des ennemis du genre humain. Il convient dès lors de les mettre au pas, en les éradiquant si nécessaire.

C'est à grand tort que l'on confond Égalité et Justice. Une confusion des idées et des mots bien installée dans les esprits et qui ferait déclarer le lit de Procuste – égalisateur s'il en est – comme l'expression ultime de la Justice : ni grands, ni petits, tous de taille égale nonobstant les jambes raccourcies et les torses dévissés. Il est urgent de *se sortir de la tête* cette équation aussi vicieuse que vénéneuse, hélas banalisée dans la vie de tous les jours sans que l'on n'y prenne plus garde. Idée démentie à chaque pas mais qui nous contamine à notre insu et contre laquelle nul ne songe à réagir tant le matraquage idéologique est autant quotidien qu'implacable. Car s'il est une géhenne, c'est bien celle de la démocratie à la manière du bandit Procuste qui voit la justice suprême dans le compactage/formatage de tous sans exception aucune. Une tyrannie à laquelle échappent cependant généralement *les égaux plus égaux* que les autres[102]... les nomenklaturistes et apparatchiks qui

---

[102] Cf. George Orwell (1903/190) « La ferme des animaux » 1945.

s'arrogent le droit d'aligner et de niveler autrui en toute justice tout en se gratifiant eux-mêmes grassement en postes juteux et en prébendes princières[103]...

Or comme l'Égalité contre-nature est l'une de formes les plus retorses de la quadrature du cercle et si les hommes sont finalement égaux, non seulement en droit mais en actes, la justice va devoir se retourner sur elle-même grâce à une contorsion diabolique (comme l'étoile de mer sort son estomac pour absorber et digérer ses proies)... À savoir en prescrivant des *inégalités compensatrices* autrement nommées *discrimination positive*. Un sophisme majestueux qui apparemment passe comme une lettre à la poste. Qui ne voit la contradiction dans les termes à savoir qu'un critère discriminant, même au nom de l'égalité, demeure, envers et contre tout, une inégalité de traitement exclusive et ségrégative ? Telle est la magie du verbe déraciné de toute référence à la matérialité des faits.

La Justice se rendrait désormais au nom de l'inégalité *réparatrice*, démentant ou infirmant du même coup le principe intransgressible d'égalité. De même qu'un

---

[103] Les écarts du ministre Richard Ferrand de la Cohésion des territoires dont Laurence Haïm, porte-parole du président Macron, « *l'immense probité* », sont constitutifs au mieux d'un délit d'initié voire d'un conflit d'intérêts... même si le parquet national financier (que l'on a connu plus vétilleurs lorsqu'il s'agissait du candidat Fillon) déclarait ne pas vouloir ouvrir d'enquête sur cette affaire, suivi en cela par le parquet de Brest pour lequel « aucun des faits relatés n'étant susceptible de relever d'une qualification pénale ». Il s'agit grosso modo d'une affaire de favoritisme remontant à l'époque où R. Ferrand, directeur général des Mutuelles de Bretagne, permit à son épouse de réaliser une plus-value considérable sur des locaux qui furent loués comme par hasard par la fédération de mutuelles en question.

volontarisme républicain affirmé, contraignant si nécessaire, est requis pour égaliser *les chances* de réussite. Ce à quoi l'École ne parviendrait pas (ou plus) en raison de pesanteurs sociales récurrentes (racisme, exclusion, préjugés et stéréotypes).[104] Non point évidemment que la

---

[104] Égalité des chances et diversité – Le président Sarkozy, Palaiseau 17 décembre 2008. Un discours emblématique de la République cosmopolitiste « La République, c'est le mouvement, c'est le progrès, c'est l'appel de la justice… Regardons notre société en face, regardons la promotion sociale, le nombre de fils d'ouvriers dans les Grandes écoles, la ségrégation urbaine, les discriminations, l'inégalité des chances… Comment peut-on encore parler de République quand l'école ne parvient plus à compenser les handicaps sociaux ? Comment peut-on parler de République quand la réussite scolaire et l'avenir professionnel dépendent non de l'intelligence, non du courage, non de l'ardeur au travail, non du mérite mais d'abord du milieu social d'où l'on vient, du quartier où l'on habite, du nom que l'on porte, de la couleur de sa peau ?… Il n'y a pas de République réelle sans la volonté de corriger les inégalités, en traitant inégalement les situations inégales… si le communautarisme menace l'unité et l'indivisibilité de la République… ce n'est pas parce que l'on a trop donné à ceux qui avaient moins, ce n'est pas parce que l'on a trop transgressé les sacro-saints principes de l'égalitarisme pour mettre en œuvre une discrimination positive [sous-entendu : c'est parce que l'on n'est pas allé assez loin en ce sens] Je pense en particulier au grand principe d'égalité qui est la clef de voûte de notre unité… L'égalité républicaine, c'est l'égalité devant la loi, l'égalité des droits et des devoirs, c'est l'égale dignité des personnes, c'est l'égalité des chances… Quel est l'objectif ? Relever le défi du métissage que nous adresse le XXIème siècle. Le défi du métissage, la France… l'a toujours relevé. Elle a toujours au cours des siècles métissé les cultures, les idées, les histoires… L'égalité réelle des chances, nous devons la mettre en œuvre à tous les étages de la société, faire sauter tous les verrous. Pour cela, nous allons ouvrir en grand les lieux où se forme l'élite de demain. Je souhaite que, dans tous les lycées qui préparent aux concours des grandes écoles, des classes préparatoires de mise à niveau soient créées… et que, dès septembre 2009, 25% des places de chaque classe préparatoire aux grandes écoles soient réservées aux meilleurs lycéens boursiers. A la rentrée 2010, ce taux atteindra 30% ». La version écrite

puissance publique ne doive, le cas échéant, aider, soutenir, assister les uns ou les autres, laissés pour comptes ou accidentés de la vie... mais de là à en faire une pratique systémique et un principe de gouvernement, il y a un abîme ! C'est rétablir en l'inversant ce que la gauche dénonce ordinairement si haut et si fort : l'octroi discrétionnaire d'avantages voire de privilèges catégoriels, ethniques ou religieux dont la légitimité – sauf au cas par cas – n'est pas a priori établie. Faire une règle de ce qui ne doit être que l'exception. Considérons que la menace terroriste a amplement démontré que la laïcité trouve très vite ses limites égalitaires quand il s'agit de protéger les lieux de culte de telle ou telle minorité...

Affirmative action

Les politiques d'affirmative action sont nées aux États-Unis dans les années soixante en prolongement du mouvement des droits civiques. Ces politiques cherchaient à corriger les inégalités touchant des minorités ethniques (ou encore les inégalités hommes/femmes). Certains pays européens se sont inspirés de l'expérience américaine en mettant en œuvre, à partir du début des années 80, une version de ces politiques fondée principalement sur des

---

accessible sur la Toile a été nettoyée des passages les plus agressifs relatifs aux moyens contraignants que l'État entend mettre en œuvre pour imposer le *métissage obligatoire* : le métissage « n'est pas un choix, c'est une obligation, un impératif... et si le volontarisme républicain ne fonctionnait pas, il faudrait que la République passe à des méthodes plus contraignantes encore » https://www.youtube.com/watch ?v=VF6MezJ884M

critères socio-économiques que l'on peut qualifier de « discrimination positive »[105].

Les défenseurs de ces politiques mettent l'accent sur la nécessité d'assurer une égalité des chances qui ne soit pas uniquement formelle. À fin des Années 60, dans le cadre d'une politique proactive *préférentielle*, furent mis en place aux États-Unis[106] des mesures destinées à favoriser l'accès à l'emploi et à l'enseignement supérieur pour certaines catégories de population victimes supposées de discriminations, c'est-à-dire les femmes et les minorités ethniques (noires, hispaniques...) et aujourd'hui sexuelles.

Les grandes écoles hexagonales n'ont pas échappé à la mode des politiques de quotas et de favoritisme ethnique

---

[105] Direction Générale du Trésor « Affirmative action et discrimination positive : une synthèse des expériences américaine et européennes » https://www.tresor.economie.gouv.fr/file/326758

[106] L'économiste afro-américain Thomas Sowell nie pour sa part l'efficacité des « politiques sociales » qui, de son point de vue, nuisent davantage aux plus démunis qu'elles ne les aident. En matière de races, Sowell s'oppose au racisme institutionnel imposé aux États-Unis depuis le mandat Nixon sous le nom d'*Affirmative Action* dans le but de « favoriser les Noirs ». Dans « Race and Economics » (1975) il montre que ces politiques n'ont favorisé que certaines catégories de Noirs et desservies la majorité d'entre eux. Dans « Preferential Policies : An International Perspective » (1990) et « Affirmative Action in the world » (2004), dénonce la dictature du « politiquement correct », qui a occulté la nature raciste d'une pratique des jeunes délinquants noirs, le « knockout game », jeu criminel qui n'a été divulguée au public que très tard par la police new-yorkaise et les médias quand des membres de la communauté juive en ont été la cible... « A Very Dangerous Game, Young Blacks who attack people of other races for fun are getting no media attention », National Review Online, 20 nov. 2013. Un *jeu* mortel qui arrive aujourd'hui en Europe.

(fondamentalement contraire au principe général de droit d'égalité devant la loi – une déviation que M. Macron annonce vouloir renforcer) aussi ont-elles vu depuis leur niveau s'effondrer... et avec lui celui des classes dirigeantes déjà gangrenées les camarillas et le *copinage*. Cette chute du niveau culturel s'est traduite dans les nouvelles élites par la perte tendancielle de la plus élémentaire raison critique. Conséquence d'un formatage intellectuel au politiquement correct le plus niais. Un phénomène qui touche tout le monde occidental où l'on s'entête à vouloir *égaliser* là où il faut sévèrement sélectionner par le mérite[107]... ce que font bien évidemment les dragons asiatiques.

Le *nivellement par le bas* s'opère donc à grande vitesse et l'*école de la diversité* et de *l'égalité des chances* se trouve désormais sanctionnée par les pires échecs[108]. Une voie qui mène droit au précipice et sur laquelle les plus audacieux expérimentateurs, la Finlande par exemple, reviennent

---

[107] Avant de quitter son ministère de l'Éducation nationale, Mme Belkacem s'est attachée à supprimer les bourses au mérite et prévoyait de procéder aux inscriptions universitaires par « tirage au sort ».

[108] Le pourcentage de réussites en France aux épreuves du baccalauréat en 2016 a atteint le taux record de 88,5%. Des chiffres dépourvus de toute signification lorsqu'on sait qu'une part significative des lauréats possède une maîtrise insuffisante (souvent déficiente à l'écrit) de la langue maternelle et que le faible pourcentage d'échecs se justifie quant à lui par des cas d'illettrisme avéré. En 2012, 7% de la population adulte âgée de 18 à 65 ans ayant été scolarisée en France était en *situation d'illettrisme*, soit 2 500 000 personnes en métropole. Premier poste budgétaire de la Nation, la dotation de l'Enseignement public s'élèvera en 2017 à 92,49 milliards d'euros, dont 68,4 milliards pour l'Éducation nationale et 23,85 milliards pour l'Enseignement supérieur et la Recherche, soit 3 milliards de plus qu'en 2016.

dare-dare au vu de catastrophiques résultats scolaires... le délire égalitariste ayant été poussé jusqu'à rechercher les mêmes résultats pour tous, un nombre toujours croissant de titulaires du baccalauréat sont quasi analphabètes avec pour effets de voir les universités se transformer en dépotoirs, en bassin de rétention (retarder l'entrée des jeunes gens sur le marché du chômage) et en laboratoire de la mixité sociale (brasser les populations).

Le pédagogisme est fondamentalement une idéologie dirigée contre la substance même de l'enseignement et des savoirs qui par prédicat idéologique doivent être mis à portée de tous. Et puisqu'il est impossible de hisser vers le haut les *minus habens* ou les infirmes de l'effort qui peuplent nos cités plurielles, il est plus facile de faire descendre le socle toujours plus bas. Ceci afin de mettre tout le monde d'accord et d'équerre, et placer toutes les générations montantes, sans distinction de race, de confession ou de sexe, à un même niveau d'inappétence culturelle... puisque la *libido sciendi* (la soif de connaissance) n'est plus vraiment à l'ordre du jour.

L'Instruction publique requalifiée – en substitution aux familles – Éducation nationale[109] s'est ainsi peu à peu mué en machine laminer les intelligences et à faire de l'égalité par le bas. Nous avons là une déviance mentale et sociétale, pur produit d'une logique égalitariste poussée très au-delà des limites de l'absurde. Une telle conception de la démocratie proprement pathologique n'est au final que

---

[109] En 1932, le gouvernement d'Édouard Herriot décide de débaptiser l'*Instruction publique* qui devient l' » Éducation nationale ». Le président Giscard d'Estaing en 1974 supprimera l'épithète de « nationale ». Tout un symbole !

l'expression d'un antiélitisme sournoisement ennemi de toute hiérarchie naturelle exception faite du clergé laïque (autre expression d'une égalité d'apparence entre les diverses croyances et confessions) appelé à publier les canons de la loi messianique du *droit* au bonheur pour tous et à y soumettre des foules réduites à l'état de cheptel humain.

Un dernier mot, dans le même ordre d'idée, relatif au caractère éminemment démocratique et égalitariste de l'art contemporain. Qualifié d'accessible pour tous, il n'existe cependant pas (ou si peu) hors du brouillard verbal qui l'enveloppe avec pour but de le désincarner en supprimant toutes les hiérarchies esthétiques. Cette anti-culture met à plat toutes les sensibilités à égalité face à un quasi néant. Le plus grand nombre est invité à jouir d'un ersatz de patrimoine - parce que hautement périssable et consommable - mais à haute valeur commerciale ajoutée, soit l'expression éphémère (à très courte durée de vie) de manifestations transgressives. Un art d'autant plus perméable à tous et à toutes les capacités cérébrales qu'il n'y a rien (ou presque) à percevoir… "Passez passant, il n'y a rien à voir si ce n'est une toile blanche" !

L'Égalité comme pathologie intellectuelle

Rien d'extraordinaire à ce que la volonté égalitariste se fracasse sur le mur de la réalité. Le mot n'est pas la chose et l'idée n'épouse que fort imparfaitement le réel. Celui-ci se venge en remettant les choses à leur place. Depuis que les femmes ont été décrétées les égales de l'homme, jamais autant de drames ne sont venus endeuiller la vie quotidienne des pays libérés des préjugés d'un autre temps. La cohabitation organisée de façon volontariste des différentes déviances sexuelles sur une base d'égalité absolue crée des imbroglios juridiques infernaux, de même que la féminisation des noms de fonctions et des professions jusqu'ici désignées au genre masculin. Pensons à l'extraordinaire et grotesque querelle des « toilettes transgenres » qui divise l'Amérique depuis des mois en cette fin 2016. La place des trans dans les toilettes a été en effet l'un des grands combats de fin de mandat du président Obama. Il était parvenu *at least* à imposer dans les établissements d'enseignement publics que les élèves aient la liberté de choisir entre les toilettes hommes et femmes en fonction du sexe auquel ils s'identifient et non de leur sexe biologique. Une avancée civilisationnelle incomparable !

Bref, insistons, *bis repetita placent*, sur le fait qu'*on* a voulu faire de l'homme *de droite* un pessimiste et de son adversaire, un optimiste qui n'enfermait pas l'homme dans une fatalité génétique en tablant sur la plasticité des instincts, sur leur capacité à être reprogrammés par la pédagogie et la culture. Sans doute oui, superficiellement, mais le socle atavique, les invariants biologiques dominent et se rappellent à nous dans les périodes de transition révolutionnaire… montrant tout le potentiel de barbarie sous-jacent (et toujours présent) quand les bas instincts se donnent libre cours à l'occasion des grandes purges cathartiques.

Une conception selon laquelle l'optimiste progressiste fait entrer tout le monde dans un même fourre-tout, tous égaux, semblables et interchangeables… Et puisque par définition égalité il y a - un décret ayant valeur d'axiome indiscutable – les différences entre les sociétés ou les individus ne sauraient par conséquent – insistons – provenir que de causes extérieures. De l'environnement par exemple, naturel ou social, et dans ce dernier cas de la vilenie des classes dominantes égoïstes et prédatrices. C'est la thèse de Marx qui traite des classes laborieuses comme s'il s'agissait de castes fermées dont il eut été impossible de s'extirper sans retournement violent de la situation et renversement par la force de l'iniquité structurelle.

Céline ne disait-il pas qu'» *un prolétaire, c'est un bourgeois qui n'a pas réussi* » et rien d'autre[110] ? Il en est ainsi de l'égalité comme de la justice : la justice doit se borner à faire respecter les règles du jeu, sanctionner les abus, poser des limites, définir les droits qui s'appliquent à tous. À condition que le droit reste l'expression et l'aboutissement d'une sagesse empirique, vivante comme éprouvée par le temps, ce que l'on nomme tradition, et non la traduction jurisprudentielle et volontariste d'une mode, d'une déviance, d'une dérive morale négatrice de la nature des choses et de celle de l'homme... Le droit se doit d'être une ancre fixée dans le socle de la permanence, celle des lois physiques, psychiques et comportementales de l'homme, animal social, être de culture afin de le garder de ses propres errances et de lui épargner de n'être qu'un animal dénaturé...

Égalité et propriété

L'égalité achevée serait-elle ou donnerait-elle le bonheur tel que le prétendent nos idéocrates ? Peut-être l'égalité dans la propriété ? Toutefois comme il est

---

[110] Louis Ferdinand Céline : « *Le malheur en tout ceci, c'est qu'il n'y a pas de peuple, au sens touchant où vous l'entendez, il n'y a que des exploiteurs et des exploités, et chaque exploité ne demande qu'à devenir exploiteur. Le prolétariat héroïque, égalitaire, n'existe pas. C'est un songe-creux, une faribole, d'où l'inutilité, la niaiserie écœurante de toutes ces imageries imbéciles, le prolétaire en cotte bleue, le héros de demain et le méchant capitaliste repu à chaîne d'or. Ils sont aussi fumiers l'un que l'autre. Le prolétaire est un bourgeois qui n'a pas réussi. Rien de plus, rien de moins* ». Lettre à Élie Faure juillet 1935.

impossible d'opérer un partage équitable entre tous, le plus expédient serait évidemment d'abolir carrément la propriété. Une idée qui ne meurt jamais, parce que plus les idées sont insensées, plus elles ont la vie dure. Un monde où tout appartiendrait à tout le monde, c'est-à-dire en libre accès, un peu comme la Toile, y compris bien sûr les femmes libérées (ce que Fourrier[111] imaginait déjà dans la cité radieuse du Phalanstère) et dont la liberté leur permettrait d'assurer une sorte de service public sexuel.

Déjà cité, rappelons que Rousseau a cru théoriser l'égalité en faisant remonter ses fondements mythiques à *l'âge d'or* quand Cromagnon pourchassait Néandertal en vue d'en faire ses choux gras. Rousseau écrivit à propos de cet Éden perdu : « *Le premier qui, ayant enclos un terrain, s'avisa de dire "Ceci est à moi", et trouva des gens assez simples pour le croire, fut le vrai fondateur de la société civile. Que de crimes, que de guerres, de meurtres, que de misères et d'horreurs n'eût point épargnés au genre humain celui qui, arrachant les pieux ou comblant le fossé, eût crié à ses semblables : Gardez-vous d'écouter cet imposteur ; vous êtes perdus, si vous oubliez que les fruits*

---

[111] « Le Nouveau Monde Amoureux » (1816) Précurseur du féminisme le plus débridé, Fourrier considère que la servitude conjugale participe à l'avilissement des femmes. Il milite en faveur de la libre sexualité des filles, la liberté amoureuse devant devenir une *politique sociale* à part entière pour le bien être des deux sexes. Marcela Iacub, ex partenaire sexuelle de D. Strauss Kahn, a publié sur ce sujet un court manifeste : « Charles Fourier et le Service Public Sexuel » en partant de l'idée fouriériste que dans une société bien faite aucun désir sexuel ne doit rester insatisfait [libération.fr28sept12]. Car ce n'est pas via la prostitution que Fourrier pensait pouvoir atteindre cet état de choses, mais gratuitement, grâce à une solidarité sexuelle civiquement organisée [Cf. note 6].

sont à tous, et que la terre n'est à personne ». Nous avons là une définition prémonitoire singulièrement éclatante du totalitarisme collectiviste niant l'évidence que la terre est d'abord à ceux qui la font fructifier pour leur profit et celui du plus grand nombre.

Curieusement Rousseau qui aimait pourtant à herboriser sur les coteaux et dans les friches de Ménilmontant, ne pouvait imaginer que des murets puissent protéger les laitues des lapins, ou le potager de gens venus d'ailleurs et toujours prompts au pillage du labeur d'autrui. De ce point de vue il est assuré que si des siècles durant nos villes n'avaient été ceintes de murailles (utilement remplacées de nos jours par la dissuasion nucléaire) nous ne serions pas obligé de réfuter l'illustrissime aliéné. Cette citation à elle seule signe son homme et tous ceux qui, frappés d'une épaisse cécité, ont accordé quelque crédit à des visions archétypiques d'une raison déconnectée du réel le plus élémentaire.

L'égalité des chances – Summun jus summa injuria

Il est maintenant question afin de « *lutter contre l'inégalité des chances et éviter l'apparition d'une société à deux vitesses, où le patrimoine serait hérité à un âge avancé par une petite partie de la population,* [de faire jouer] *un rôle important à la fiscalité* ». Car pour les ayatollahs de l'équarrissage, la fiscalité actuelle sur les successions « *montre son inefficacité à limiter les inégalités de patrimoine et son inadaptation aux enjeux du XXIe siècle* ». En gros, alors que la propriété immobilière est déjà soumise à un (quasi) *loyer* progressif fortement inégalitaire (taxes foncières et d'habitation, droits d'acquisition et de transmission), l'État redistributif envisage d'en dépouiller définitivement les générations futures.

C'est en suivant cette voie qu'il fit disparaître la noblesse terrienne par la fiscalité foncière... et tout aussi bien que les colons des Amériques évincèrent les amérindiens à coups de fusil. À la Révolution sanguinaire peut se substituer fort utilement et efficacement des impositions confiscatoires, le résultat est le même et ne retient généralement guère l'attention des historiens car il s'agit d'institutionnaliser le vol et la spoliation. Le droit de propriété, pourtant inscrit dans la Constitution (mais qui s'en avise) est bafoué par tous ses *gardiens* (président et conseil constitutionnel) tandis que l'accession à la propriété devient peu à peu, par les charges qui s'y attachent, l'équivalent d'une nouvelle forme d'esclavage destiné à nourrir les « pauvres » sans distinction (mais non sans catégories prioritaires principalement exogènes)...

Constatons que le remplacement d'une classe sociale est effectif en l'espace de deux (ou trois) générations, idem en ce qui concerne un peuple tout entier destiné à s'effacer devant ces ayants droit fondamentaux que sont les migrants sans frontières, ces nouveaux damnés de la Terre. Car pour sûr c'est au nom de l'égalité que les frontières tombent pour laisser pénétrer dans l'espace national un flot continu de déshérités équipés en téléphonie sans fil dernier cri. Égalisation oblige puis que tous les hommes sont égaux en dignité et en droits (si ce n'est en mérite et respectabilité). Ce que savent pertinemment les nouveaux arrivants qui, dès leur débarquement sur leur terre d'accueil, « réclament leurs droits ». Des droits que de fausses bonnes âmes mais vrais militants de la subversion néo-trotskyste s'empressent de leur seriner, droits sans réciprocité ni devoirs d'aucune sorte, et sans contreparties[112].

Le défi démocratique

La démocratie c'est l'égalité. L'égalité c'est la justice, mais aussi la laïcité, le bien contre le mal, soit le progrès. Au total un formidable piège sémantique contre lequel nous devons nous préserver et contre lequel nous devons nous insurger en cassant les séquences d'ADN des concepts tératologiques qui le composent.

À Marseille le 10 janvier 2000 en clôture du ramadan, le ministre délégué à la Ville du Gouvernement Jospin, Claude Bartolone[113] annonçait une France à plusieurs

---

[112] Un cas parmi mille autres : Cédric Herrou militant et activiste, un récidiviste de 37 ans, présenté comme un agriculteur de la vallée de la Roya comparaissait le 4 janvier 2017 devant le tribunal correctionnel de Nice pour *aide à l'entrée, à la circulation et au séjour de ressortissants érythréens en situation irrégulière.*

[113] Claude Bartolone, ministre délégué de la Ville du Gouvernement socialiste de M. Jospin (président Chirac), ancien président de l'Assemblée Nationale, avait proclamé à l'occasion de l'Aïd Al Fitr (clôture du ramadan) à Marseille le 10 janvier 2000… « Je ne voudrais pas conclure mon propos sans évoquer les phénomènes de discrimination dont sont victimes une partie de nos concitoyens, notamment quand ils sont issus des quartiers d'habitat populaire, et a fortiori, quand ils sont issus de l'immigration. Il s'agit là d'une plaie qui gangrène notre société, mais qui n'est pas une fatalité. Des difficultés que les enfants connaissent dès l'école, en passant par les discriminations dans l'accès à l'emploi, au logement, à la culture et aux loisirs, il n'y a pas de degré de tolérance possible contre l'intolérance… L'État a commencé de montrer l'exemple : 20% des emplois jeunes sont ainsi réservés aux jeunes de nos cités. Jean-Pierre Chevènement a

vitesse où les uns disposeraient de naissance d'avantages substantiels (autrement dit de *privilèges* par le truchement de politiques de quotas, d'emplois et de postes réservés, d'accessions favorisées dans les établissements publics de formation et les grandes écoles), et concluait sa péroraison dans un style grandiose : « *La France est devant un formidable défi démocratique* »... Ce défi consistant à réinventer l'apartheid (le développent différentiel) au détriment des indigènes et autochtones de souche. Notons en passant que l'immigration intra européenne n'a jamais constitué *un défi à la démocratie.* De ce point de vue le ministre Bartolone, s'il avait été en mesure de percevoir la portée et le sens de son discours, serait peut-être parvenu à entrevoir que certaines catégories de migrants invasifs sont en soi un défi à la démocratie !

Nivellement par le bas, laminage intellectuel, moral et spirituel, misère sociologique et dépérissement affectif, voilà où conduit l'Égalité l'hystérie démocratique. Une misère qui n'est pas seulement celle de la faim et du froid mais ressort d'une désolante déshérence mentale. Celle de la confusion extrême des valeurs toutes distinctions ayant disparu (puisque tout se vaut et que tout est équivalent) entre le haut et le bas, le beau et le laid, le moral et l'immoral, le vice et la vertu... Car si l'égalitarisme est une passion sociale négative en général, dans le domaine de l'esprit et de la culture sa nocivité et sa puissance de déstructuration jouent à plein. En créant l'illusion de l'égalité par la négation des hiérarchies et en niant la réalité physique des échelles de différenciation, elle crée une

---

parlé d'une police *à l'image de la population*, celle-ci se met aujourd'hui en place. Mais il faut aller plus loin ». Jusqu'où ?

distorsion pathologique dans la perception du réel si bien que nos société en deviennent schizoïdiques.

Épuisement des classes dirigeantes prises dans leur nasse idéologique

Face à l'épuisement de la représentativité des classes dirigeantes, la société progressiste mise en demeure de sauver les apparences et de légitimer un système à bout de souffle n'a rien trouvé mieux que d'envisager la suppression du suffrage universel pourtant fondamentalement *égalitaire* (les procédures référendaires sont dangereuses ayant par exemple porté un *"chambouleur"* à la Tête des États-Unis en la personne de D. Trump, ou auparavant en mai 2005 rejeté le projet de Traité constitutionnel européen). Sont sur la table les dossiers du *salaire* unique sous forme d'Allocation universelle, la Grossesse pour autrui, la Procréation médicalement assistés pour les déviants sexuels, le Grand remplacement par les hordes de « migrants », la suppression de la monnaie physique et de la propriété privée, le sexe pour tous dès la pouponnière… Éliminons finalement la désignation des représentants du peuple par le suffrage et, pour plus de Démocratie, recourons au tirage sort présenté à l'occasion du débat présidentiel par *la gauche de la gauche* comme plus *équitable*…

Ce n'est finalement pas « la baisse tendancielle du taux de profit » que Karl Marx met en avant dans *Le Capital* qui engendrera la paupérisation tendanciellement absolue des populations. Non ! C'est avant toute chose l'égalité dans l'appauvrissement programmée par la dépossession de tous au profit de l'État société anonyme et de ses clients. Qui n'entrevoit, embusquées au sommet de l'État, des réseaux financiers, idéologiques, parfois sexuels ou communautaristes, menant dans certains cas des existences de nabab sous les ors des palais de la République, dans l'audiovisuel ou dans les grandes entreprises du secteur public... ceci sans avoir jamais eu à travailler de leurs mains, à la sueur de leur front et à leurs propres risques. Voyons qui *truste* les postes dans la haute administration. Les biens de la nation sont confisqués pour engraisser des cumulards de nos jours trop souvent nationaux de fraîche date...

Au cours des premiers mois de la Révolution, Lénine s'adressait fréquemment en ces termes à ses acolytes issus du *yiddishland révolutionnaire*[114] : « *vous qui n'êtes pas Russes* » (et fort peu de la nouvelle caste dirigeante l'étaient) ! En l'occurrence la Révolution en Russie a consisté en une gigantesque expropriation : celle de l'aristocratie, qu'elle soit administrative ou terrienne, de la bourgeoisie, des cadres de la nation en général, du clergé... Ce grand *remplacement* se fit dans le sang. Chez nous il est en cours, mais presque indolore, peu visible et avec la collaboration active de l'énorme clientèle électorale de l'État : bénéficiaires de la manne sociale, naturalisés, bureaucratie pléthorique ! Toutes catégories qui permettent, nous venons de le voir, d'obtenir les pleins pouvoirs avec seulement 14% des suffrages exprimés aux élections législatives... Grâce à cette merveille de scrutin uninominal à deux tours que peut nous envier toute la planète et plus encore, les jeunes démocraties africaines.

Inquiétons-nous à ce titre de la progression rapide du poison idéologique qui progresse dans l'esprit de nos contemporains devenus incapables de penser par eux-

---

[114] « Le yiddishland révolutionnaire » Alain Brossat et Sylvia Klingberg 2009.

mêmes et à qui l'on fait miroiter les joies libératoires d'une société dans laquelle il ne serait plus nécessaire de travailler (salaire universel), qui pourraient consommer et vivre sans produire… mais avec l'argent confisqué aux nantis (*les riches paieront*, un slogan passé pour l'heure au second plan après l'élection triomphale de M. Macron) c'est-à-dire ceux… qui travaillent et produisent toutes classes sociales confondues.

Masque mortuaire de Robespierre

« Le marxisme a infecté la vie sociale en y introduisant un ferment de haine et de guerre perpétuelle »

Jules Romain

Résumé conclusif en forme d'esquisse épistémique

Pour ne pas conclure, que dire de la dichotomie Droite/Gauche ? L'éternel combat du Bien contre le Mal. La Gauche militant pour le souverain Bien tandis que la Droite infernale voudrait conserver ses privilèges, notamment de naissance, c'est-à-dire les inégalités au lieu de rebattre les cartes du destin à chaque génération.

À partir de là les uns, le camp du progrès serait pour la modernité novatrice et libératrice, le dépoussiérage permanent, l'ouverture, le champ libre, l'effacement des contraintes, la Liberté en somme et l'enchanteresse Égalité de tous dans un monde enfin pacifié ayant aboli toute verticalité, toute hiérarchie différentialiste pour atteindre l'Unité fraternelle sous la bannière de l'amour et du mélange universel. Mais l'inexorable et prosaïque réalité reste tapie dans l'ombre des idéologies, aux aguets, indélogeable... En dépit de la splendeur de telles idées, le mort finit par saisir le vif.

Aujourd'hui ces prémisses égalitaristes et libertaires ont engendré l'ouverture des frontières, l'antiracisme, l'antisexisme, la mixité sociale, la société plurielle, le métissage obligé et jeté l'opprobre sur tout ce qui s'oppose ou adopte une position critique à l'égard de l'œuvre théurgique de restauration de l'Éden primordial tel que conçu par Rousseau. Là est l'incarnation du vrai mal, le mal ontologique, l'unique mal absolu qui entend contrarier à la grande *Réparation*.

La gauche est en Marche vers l'*humanité nouvelle* dans et par laquelle l'homme sera régénéré après avoir été délivré de tous les préjugés archaïques ayant proliféré aux âges de ténèbres précédents les Lumières de la modernité. Et il aura fallu rien moins que la Terreur révolutionnaire et à l'instauration de la République pour briser l'épaisse gangue des préjugés enfermant les lumières de la Liberté et de la Raison divinisée[115]. Liberté qui ne saurait exister hors de l'Égalité entre tous, l'une étant consubstantielle de l'autre.

---

[115] Le culte de la Raison des Hébertistes athéistes sévit de l'automne 1793 au printemps 1794. Lui succède le déisme de l'Être suprême des Montagnards au printemps 1794. Une dogmatique héritée de la religion naturelle de Jean-Jacques Rousseau exposée dans la « Profession de foi du vicaire savoyard » *in* « Émile ou De l'éducation » 1762. Le préambule de la Déclaration des droits de l'homme et du citoyen de 1789, elle même toujours partie prenante de la Constitution de 1958, se réfère explicitement à l'Être suprême : « *L'Assemblée Nationale reconnaît et déclare, en présence et sous les auspices de l'Être suprême, les droits suivants de l'Homme et du Citoyen* ». Voir supra p. 48.

ÊTRE SUPRÊME.

PEUPLE SOUVERAIN.

RÉPUBLIQUE FRANÇAISE.

Mais cet exaltant projet ne saurait s'accomplir hors d'un Royaume terrestre rebaptisé au goût du jour *Gouvernance mondiale*, lequel sera tout autant éthique, politique qu'économique... L'éthique étant comprise comme l'inversion, ou mieux comme la négation de l'ordre moral prévalent avant que ne soit pleinement réalisé l'Unification du marché planétaire, la division transnationale du travail et la réalisation d'une concurrence *pure et parfaite* entre des agents économiques dirigés par le seul miracle d'une *main invisible*, démiurge incorporel des temps modernes.

Une morale antérieure vilipendée et condamnée à disparaître pour laisser place à un univers anoméen (*sans loi* c'est-à-dire anarchique, celui dont rêvait le messianiste athée Karl Marx[116]). Comprenons que la morale à venir (mais déjà fort présente dans les colonnes des faits divers) se caractérisera par l'absence de toute contrainte d'ordre

---

[116] Maximilien Rubel « Marx théoricien de l'anarchisme » 2011.

vertueux et l'effacement définitif des distinctions entre le *normal* et le *pathologique*. Déjà la pratique des *sexualités extrêmes* (sans qu'il soit besoin ici d'entrer dans les détails de ce que recouvre ce vocable) est revendiqué comme un droit inaliénable de la personne[117].

Il y a loin de la coupe aux lèvres

Liberté... Égalité...Tout cela serait bel et bon si la carte correspondait trait pour trait au territoire[118] ou encore si les mots étaient eux-mêmes des choses[119]. Ceci voulant dire que ce qui fonctionne sur le papier de façon presque parfaite ne correspond pour ainsi dire jamais ou si peu à la réalité dans ses complexités dialectiques et ses capricieuses versatilités.

Le drame est que l'idéocratie, l'empire des abstractions et des représentations, est aussi et surtout celui de la fausse-semblance et du mensonge colporté par ces marchands d'illusions qui, derrière les promesses d'un retour à l'Âge d'or, derrières le piège de mots magiques, dissimulent des ambitions personnelles et une soif partagée du pouvoir. D'où l'importance de comprendre les mécanismes qui sont à l'œuvre à commencer par les concepts directeurs qui

---

[117] Cf. Richard von Krafft-Ebing (1840/1902) « Psycopathia Sexualis) 1886. Étude largement dépassée de nos jours par l'expression de déviances largement banalisées et de perversions sordides devenues monnaie courante. Voir infra note 117.

[118] Alfred Korzybski (1879/1950) « Science & Sanity » 1933.

[119] Jean Largeault (1930/1995) « Enquête sur le nominalisme » 1971.

organisent ce système monde et lui confère sa dynamique[120].

Rappelons en passant que les idées ne sont pas simplement et seulement un instrument de pouvoir pour une faction ou une coalition d'intérêts soucieuse d'accéder et de se maintenir sur les sommets de la puissance... a contrario de ce que voulait nous faire accroire Marx à propos de la religion, laquelle n'aurait été, selon lui, qu'un poison secrété par la classe dominante pour endormir et tenir en laisse les dominés. Une vision très courte des choses. Les uns enfourchent des idées à peine dégrossies et à demi sauvages pour galoper solitaires vers les cimes, d'autres les domestiquent et s'en servent savamment comme vecteur de prépotence. Elles ne sont pas dans tous les cas de simples outils, mais des forces autonomes susceptibles de migrer et de se déployer suivant leur propre logique, que le fin stratège s'emploie à manœuvrer sur le champ de bataille des guerres sémantiques.

Ajoutons que ce sont des idées qui, ayant pris leur envol, forment la charpente architectonique de l'histoire... et non des forces exclusivement matérielles tels les *rapports de production*, comme le ressasse l'aberrant matérialisme qui a triomphé depuis le XIXe siècle. Le fer après le bronze conféra sur les champs de bataille un indéniable avantage aux conquérants, mais la victoire serait restée sans suite si le glaive n'avait été mis au service d'un dessein précis. Ce sont les idées en soi, en tant que loi de *formation et de*

---

[120] Ludwig von Bertalanffy (1901/1972) « Théorie générale des systèmes » Paris 1973.

croissance[121], qui configurent les sociétés humaines où nous évoluons en tant qu'*animal politique*[122], et qui orientent nos destins vers un futur en perpétuelle genèse.

Ce pourquoi les antagonismes qu'ils soient *gauche* contre *droite*, prolétaires ou pauvres contre bourgeois et nantis, sont avant tout des guerres de représentations, des guerres de l'esprit, des guerre de mots destinées à farder les intentions réelles des protagonistes, et singulièrement à justifier des actes de brigandages à grande échelle. Les guerres se doivent d'être justes et de légitimer par avance les exactions des vainqueurs. Cela grâce à diverses théories à prétention rationnelles et scientifiques qui assignent à grand renfort de savante logomachie, un sens et une finalité à l'Histoire, confessant du même coup que leur vision du monde et les perpétuelles guerres de classes et de races qu'elle implique, n'est que l'expression d'une théogonie eschatologique dans laquelle les *Valeurs* ont été divinisées. Le matérialisme qui croyait avoir banni l'idéalisme platonicien, n'est en fait pas parvenu à le dépasser en dépit de son hybris prométhéenne.

Raison pour laquelle le règne (soutenu par les prétentions à l'hégémonie de l'Amérique-Monde) de l'*épistémè* ou paradigme qui s'imposa en 1789 (et sous l'emprise duquel nous vivons plus que jamais), constitue désormais *la loi de développement* ou d'intégration des nations et des peuples à échelle planétaire. L'unification du monde dans la matrice de la Démocratie ou de la

---

[121] D'Arcy Wentworth Thompson (1860/1948) « On growth and form » 1917.

[122] Aristote (384/322) « La Politique ».

République universelle telle qu'exaltée par Maximilien de Robespierre, nous condamne à ne percevoir les choses, les êtres et les peuples qu'à travers le verre déformant d'une perpétuelle distorsion du champ sémantique, *de facto* plus ou moins bipolarisée, ontologiquement antagoniste, en un mot schizoïdique. Autant dire que l'état normal de nos sociétés postmodernes est celui d'une pathologie mentale collective, plus ou moins accentuée, plus ou moins bien tolérée et acceptée.

Distorsion idéologique selon laquelle il existerait une morale naturelle – *politiquement correcte* – qui doit s'imposer à tous, volens nolens. Éthique se présentant comme une loi physique à laquelle nul ne saurait déroger sauf à se mettre hors-la-loi. Attitude qu'interdit de plus en plus la pression sociale s'exerçant à travers une tyrannie consensuelle toujours davantage sourcilleuse et intraitable.

Vouloir à tout prix et à toute force que les individus soient *égaux* et *libres* sans donner à ces termes un contenu objectif et effectif, constitue au final une violence faite à la raison, aux structures élémentaires de la connaissance et de l'expérience.

Il est en effet impossible de se déployer ou tout simplement d'exister dans la seule dimension abstraite de l'universel : celle de l'homme nu ! Car si chaque individu est certes *humain*, il ne le devient concrètement qu'en surimposant ou en se surajoutant à cette ébauche indéfinie toutes les spécificités et singularités qui le caractérisent et le définissent en tant qu'individu participant d'un vaste emboîtement successif de communautés diverses. Multiplicité de rôles, de fonctions et de visages dont il ne saurait être dépouillé sans être réduit au néant d'une inconsistante abstraction.

Idéaux et théogonie coercitive

De ce point de vue les idéaux républicains, s'ils n'étaient que des idéaux, plus ou moins accessibles, plus ou moins actualisables selon les temps, les lieux et les situations, constitueraient un horizon mythique, où tous ceux qui le veulent, seraient libres de communier et auxquels chacun à divers degrés pourrait aspirer. Hélas ces idéaux sont en fait des articles de foi, les hideuses figures d'un credo ne souffrant aucune discussion. Ils forment la loi d'airain, la vulgate sous le joug de laquelle les peuples dorénavant doivent se courber et ce d'autant plus que ses commandements organisent, et pire, sont appelés à régenter les aspects les plus intimes de la vie[123].

Ils dénient toute autorité aux parents sur la formation et le choix des *orientations* (notamment sexuelles) de leur progéniture, se soumettant au monopole éducatif et de formatage idéologique de l'État Moloch. État démiurge qui se mêle de nous dire qu'elles doivent être nos pensées et qui nous condamnent à l'amour inverti de toutes les monstruosités qui pullulent depuis que la République a ouvert la Boîte de Pandore où se trouvaient confinées toutes les abjections encloses depuis la nuit des temps.

Or quand les idéaux se sont faits profession de foi, ce nouveau monothéisme (qui peut se confondre avec celui du Marché devenu une Idole ; n'est-il pas question de *démocratie de marché* ?), est d'autant plus terrible qu'il met la puissance corruptrice de l'or au service de l'utopie

---

[123] Il est de nos jours interdit par la loi d'administrer une fessée à un enfant insupportable ou une taloche à un rejeton indocile. Ou encore d'appeler un chat un chat !

meurtrière. À l'époque charnière qui est la nôtre, entre la clarté du jour et les ténèbres de la nuit, nous nous immergeons insensiblement dans un univers hybride (dont l'archétype est la Chine populaire, hybride de marxisme-léninisme et d'hypercapitalisme miltonien), celui de la Métamorphose kafkaïenne, mixte d'insecte et d'homme dans la moiteur des termitières humaines.

Hæresis Dea – Nuremberg 1589

La matrice théogonique nous condamne à vivre en nous faisant porter sur certains aspects du réel (des aspects fondamentaux puisqu'ils touchent l'ethos de l'animal social qu'est l'homme) un regard déconnecté, négateur, *réformateur* de cette même réalité que nous n'appréhendons plus qu'à travers le prisme de représentations falsifiées et polluantes.

Leur incidence est moindre concernant la vie de tous les jours, mais les idées fausses dénaturent le discours public et la vie de la cité, jusqu'à autoriser ou légitimer des politiques destructrices du tissu humain et du mortier civilisationnel assurant la cohésion de l'édifice.

Ainsi l'idéologie du déracinement, de la mobilité, de l'ouverture, du nomadisme, du progrès, est celle de l'impermanence. Or nos sociétés se sont bâties grâce à l'accumulation des connaissances et des savoirs, sur la mémoire des siècles et son support, l'écriture. Rien ne se bâtit sur un sol meuble (mais bien sur un socle d'invariance), pas plus que l'histoire ne s'écrit sur le sable du mensonge et de l'erreur.

Universalité incantatoire

De même avons-nous dit, ne voir de l'homme que son *universalité* (confère la sentence incantatoire « c'est un humain après tout ») à l'exclusion de toute spécificité (l'individu *générique* pour K. Marx qui se réduit à son appartenance de classe), c'est ne voir en lui qu'une dimension éthérée, sans épaisseur, sans vérité ni densité.

Certes nos sociétés – toutes les sociétés peu ou prou – n'existent que grâce au collagène d'une vision collective largement partagée et dominante. Ce que l'on peut qualifier de *grégarisme consensuel*. Hier dominait à l'Ouest de l'Europe l'éthique chrétienne, catholique et luthérienne, laquelle de nos jours s'est coulée dans le moule de la *pensée unique* ou du *politiquement correct* qui est la négation de la conception transcendante du monde qui préexistait au culte républicain de M. de Robespierre.

Soulignons que l'actuelle matrice idéologique dont est issu le consensus sociétal (sans lequel aucune société ne saurait se maintenir sauf à sombrer dans la guerre civile et l'anarchie) se diffuse et s'impose normalement plus par mimétisme que par coercition[124] … Or nous nous trouvons maintenant condamnés à vivre selon des critères réalistes[125], droitier dirons-nous, tout en *pensant* (et en votant pour beaucoup) à gauche. C'est-à-dire en adoptant et se pliant aux conventions langagières consensuelles et comportementales socialement admises, mais en partie contradictoires avec les exigences pratique de la vie courante.

Dans des sociétés où les individus sont partagés entre leurs actes (à droite) et leurs représentations (à gauche), il n'est pas extravaguant de penser que cette guerre civile intérieure (cette dissonance cognitive dirait-on aujourd'hui), ne finisse par se transposer à une autre échelle. L'échec du *vivre ensemble* est patent quelles que soient les fables que les idéocrates et leurs porte-voix médiatiques nous débitent, resterait à connaître quel degré dans la résilience à la bipolarité (schizophrénique) peut

---

[124] Gabriel Tarde (1843/1904) « Les lois de l'imitation » 1890.

[125] Le talent dans les sports ne s'invente pas, même s'il peut être décuplé par la chimie ; tout comme le talent artistique n'est que limitativement lié aux caisses de résonnance médiatiques. Le monde de la technique, de la production et des affaires ne souffre pas non plus le trucage et se moque des idéologies égalitaristes : l'autorité, la hiérarchie, la responsabilité, la discipline perdurent même si elles sont parfois masquées par la mascarade de la *gestion participative*. L'organisation de M. Macron est à ce titre parfaitement pyramidale. L'erreur et la réussite sanctionnent ceux qui se plient aux lois physiques ou ceux qui s'en écartent.

atteindre des sociétés occidentales en voie de décomposition avancée.

Parce que le propre des idéologues (des tyrans par essence s'échinant à faire plier les *faits* selon leurs phantasmes, alors que « têtus » ceux-ci s'y refusent obstinément) est qu'ils ne parviennent pas à imaginer que le réel puisse jamais reprendre le dessus. Il leur suffirait pourtant de porter un regard rétrospectif sur l'histoire récente. Ainsi la Troisième révolution de Russie, celle de 1929, va progressivement chasser du pouvoir la caste messianique qui s'y était enkystée. Cela vaut pour la plupart, si ce n'est toutes, les prises du pouvoir idéocratiques de ces deux derniers siècles qui ont été englouties dans les abysses les unes après les autres...

Hélas, elles ne sont jamais tout à fait mortes jusqu'à ce qu'une nouvelle révolution épistémique remette les choses à l'endroit. Au demeurant la propension de l'humain à marcher sur la tête – *a topsy-turvy creature* disait Jonathan Swift[126] - est, à considérer la prospérité des bonimenteurs de tous acabits, certainement ataviquement enracinée. Aussi la perméabilité à la superstition et le superficiel glacis de rationalité qui couvre nos actes et nos comportements, doivent-ils être comptés au nombre des paramètres explicatifs et constitutifs de la nature de l'homme.

Parmi les dernières éclatantes faillites des idéologues parvenus aux commandes pensons à Mohammed Morsi, éphémère président de la République arabe d'Égypte. Issu

---

[126] L'Irlandais J. Swift (1667/1745) stigmatisa en son temps les limites voire la corruption de nos facultés de jugement et de raisonnement. Cf. « Meditation Upon a Broomstick » (*Réflexion sur un balai*) 1701.

de la Confrérie des Frères musulmans porteuse d'une idéologie schismatique en rupture avec l'Islam de la tradition. Il se passa moins d'un an avant qu'il ne fut déposé par un coup d'État militaire après s'être fracassé sur la muraille des réalités sociales.

Idem en France avec le président fantoche et pauvre hère, François Hollande, qui montra très vite sa rusticité et son absence de savoir-faire lorsqu'il se fût agi de transposer en droit français (et de faire avaler à ses concitoyens) les directives bruxelloises, autrement dit les oukases économiques et sociétaux émis par les cryptarchies transnationales[127]. Chacun pourra faire appel à ses connaissances pour trouver les exemples les plus appropriés afin d'illustrer ce propos.

Sortir du piège sémantique – Impertinence de l'actuelle bipolarité

Il serait finalement aussi utile qu'urgent de sortir de ce cloaque intellectuel que constitue la fausse alternative gauche droite dans laquelle nous nous trouvons plus ou moins enfermés par la force des choses et l'inertie de la pensée. Sachant toutefois que dès que l'on tente de s'extraire par le haut de cette impasse l'on est

---

[127] Cf. Jacques Attali, énarque de la promotion Robespierre en 1970, premier président en 1991 de la Banque européenne pour la reconstruction et le développement (BERD)... *in* « Brève histoire de l'avenir » 2006, à propos des cryptarchies : « *La loi unique du monde sera celle du marché qui formera un Hyper Empire insaisissable et planétaire où même la nature sera* [mise] *en coupe réglée* ».

automatiquement catalogué parmi les *extrémistes*. M. Macron ayant pour sa part choisit d'en sortir par le bas.

En outre on ne soulignera jamais assez l'absence de pertinence de cette distinction bilatérale car force est de constater qu'il y a toujours dans les représentations collectives, une gauche de la gauche, une droite de la droite, et dans de multiples cas, une interchangeabilité gauche/droite proprement confondante[128]. Soit de permanentes dérives et migrations à l'intérieur même de la roche mère du socle sociétal, un lent ressac qui inverse ou renverse les courants d'idées suivant les circonstances et les accidents de l'histoire. Songeons à l'Union sacrée qui à partir du 4 août 1914 (Jaurès venait d'être assassiné le 31 juillet), rassembla indistinctement toutes les formations politiques, avec l'assentiment de l'Église catholique, au sein d'un grand Parti de la guerre.

Comment finalement comprendre le kaléidoscope d'attitudes et d'opinions changeantes, lesquelles semblent contredire la nature et les définitions premières de la posture de gauche face à l'ordre social ? Prenons un exemple somme toute banal pris sur un forum : « ... *pour revenir sur la droite et la gauche, le respect du travail, de l'étude, des maîtres (les enseignants), d'une certaine hiérarchie inhérente aux études, pour la gauche française, ce sont des*

---

[128] Commentaire sur un forum illustrant ce type de contradiction lorsque se croisent antiracisme et antagonisme de classes : « Même au sein de certaines associations antiracistes, les préjugés à l'égard des Chinois subsistent. Parce qu'ils font des affaires, ils sont encore perçus comme des capitalistes, des nantis, des dominants, qui ne méritent donc pas d'être défendus. On les jalouse et on les suspecte. À l'extrême gauche aussi, il y a des racistes. En clair, les Chinois sont de droite, donc la gauche les déteste ».

valeurs de droite ». Ce qui évidemment ne fut pas le cas jusqu'à une époque toute récente, sans doute à partir du basculement des années soixante-dix consécutif à la Révolution culturelle mondiale de 1968[129].

Car par quel biais expliquer que « pour la gauche française le respect du travail, de l'étude, des maîtres (dans le sens des enseignants), d'une certaine hiérarchie inhérente aux études, soient des valeurs de droite » ? Idée totalement étrangère à la Troisième République et assurément aux pères fondateurs de 1789 pour lesquels *le respect du travail, de l'étude, des maîtres, d'une certaine hiérarchie inhérente aux études*, furent à n'en pas douter des *valeurs fondatrices* auxquelles se dévouèrent corps (et âme) après 1905 (séparation des Églises et de l'État) les *hussards noirs* de l'enseignement laïc. Au moins de prime abord car ce rejet ou cet actuel refus se trouvait en germe dans la *dynamique conceptuelle* de l'idéologie de Lumières. Ce que nous allons tenter d'expliciter…

Res publica, matrice conceptuelle

Partant du constat précédent, l'on voit bien que toute tentative de classification et de typologie des formations, courants, opinions ne peut que rester insatisfaisante pour ne pas dire vouée à l'échec de quelque manière que l'on s'y prenne ou quelle que soit la finesse d'analyse et le talent de

---

[129] Le feu fut mis aux poudres (dans le contexte international de la guerre du Vietnam), par la Révolution culturelle de Chine populaire prônant une démocratie de masse sur le modèle de la Commune de Paris. Elle culmine durant l'été 1967. Le retour au calme s'amorce fin 1968 après la mise au pas *manu militari* des Gardes rouges et des nombreuses factions extrémistes.

ceux qui s'y emploient. Partant de là, posons que la diversité contradictoire et changeante des attitudes, comportements et façons de voir (la grille de lecture politique et sociétale) doit finalement se ramener à isoler ou identifier *le Concept source*. En l'occurrence celui de *République* au sens moderne.

Il s'agira plus précisément rechercher les *signifiants maîtres* pour parler comme les gens de l'École freudienne[130], à savoir les archès, les idées motrices et directrices qui structurent et organisent le champ sémantique configurant, dessinant et créant l'espace social et politique où s'affrontent les groupes humain pour la dominance, la conquête et l'exercice du pouvoir.

L'idée souche de Liberté sans contenu défini a priori, se mue de par sa logique d'expansion (son cheminement et l'*actualisation* de son potentiel) en refus de toute contrainte, partant de toute autorité et de toute hiérarchie. Nous avons avec la Liberté et l'Égalité qui en procède, toutes deux exclusives de tout ordre social (et moral) restrictif du caprice ou du bon vouloir individuel, *deux moments* d'un seul et même concept. Le troisième moment résultant des deux premiers étant celui de l'Unité (ou fusion dans la matrice de République). Ces trois *moments* sont

---

[130] Ferdinand de Saussure (1857/1903) « Cours de linguistique générale » 1916. À partir de 1964, l'École freudienne de Paris fondée par Jacques Lacan, s'efforcera de teinter de scientificité la pratique fumeuse de la psychanalyse en y transposant le structuralisme linguistique de F. de Saussure.

constitutifs du concept[131] de République tel qu'imaginé ou conçu par les Conventionnels. Ils la définissent comme Une et Indivisible et accessoirement laïque[132]... autre expression subséquente (découlant) de l'Unité égalitariste.

Comprenons que le « concept » est une idéalité, un paradigme (ou épistémè) structurant l'espace de nos représentations mentales. Que cette entité sémantique se déploie sur trois dimensions à la façon d'un triangle en tant que forme singulière. Ce n'est évidemment pas par hasard si la République triomphante des Jacobins est « unioniste », centralisatrice et pyramidale. L'Unité qu'incarne la Solidarité, étant le troisième terme *verrouillant* un concept devenu de nos jours une prodigieuse arme de guerre sémantique, morale et physique contre les hommes... Dont

---

[131] Georg Wilhelm Friedrich Hegel (1770/1831) « Propédeutique philosophique » 1808-1811.

[132] « La religion de la laïcité de Junius Frey à Vincent Peillon » Youssef Hindi 2017.

l'extrême Liberté (qui leur confère le droit de changer de sexe à tout bout de champ), ne leur permet plus d'être suffisamment libres au point de refuser les formidables bienfaits et Droits fondamentaux de l'Égalité obligatoire pour tous. Arasement ontologique qui conduit chacun à n'être plus qu'un atome anonyme perdu dans une masse sans âme ni visage ni raison.

Solve et coagula

Ce « *centralisme démocratique[133]* » égalisateur et niveleur, agglutinant va par exemple se retrouver chez les Jeunes Turcs dönmehs du Comité Union et Progrès (opposés aux Fédéralistes), qui seront possédés par une rage panturkiste directement inspirée de la Terreur robespierriste, ceci aux dernières heures d'un Empire ottoman entré en agonie. Cette ivresse d'homogénéisation ethnique va se traduire par la poursuite en 1909 puis en 1915/1916 de l'extermination des Chrétiens d'Asie Mineure, à commencer par les Arméniens d'Anatolie et se poursuivra longtemps, au-delà du Traité de Lausanne en 1923 par l'holocauste partiel des Thraces orthodoxes. Osons souligner que la jeune République turque, avec la bénédiction du Grand Orient français et de célèbres loges italiennes, grecques, anglaises, fut l'héritière et la

---

[133] Nous empruntons l'expression *centralisme démocratique* au système d'organisation purement vertical des Partis communiste. Principe qui interdisait toute communication horizontale entre cellules, sections ou militants de base sans que cela ait quelque chose à voir avec un quelconque dispositif de guerre sociale ou de clandestinité. Obligation qui va bien au-delà de la discipline exigeant de se soumettre sans barguigner à la Ligne du Parti. Disposition enfin qui de prime abord contredit abruptement ce que Lénine préconisait en 1902 dans « Que faire ? », à savoir la liberté du débat.

continuatrice du *Comité spécial* (Comité qui prit en charge la planification de l'épuration ethnique à grande échelle des Arméniens).

Lénine puisera aux mêmes sources de la Terreur née au couvent des Jacobins et associera au messianisme athée de Karl Marx le legs nihiliste du Catéchisme révolutionnaire de Netchaïev afin de construire un Parti férocement centralisateur moteur de la Révolution permanente... la Russie n'étant aux yeux d'Oulianov alias Frey[134] qu'un marchepied vers l'instauration d'un collectivisme égalitariste universel. Tâche à laquelle se dévouera sans défaillance la Troisième Internationale ou Komintern[135] jusqu'à sa dissolution officielle en 1943 ?

Le troisième moment du concept de République (centralisation et unionisme) est en résumé la *résultante* des deux premiers (nous utilisons de ce terme par facilité), lesquels après la libération totale de l'individu devenu solipsistique (unique en ce monde) n'est en fait qu'un atome isolé et noyé dans la masse de ses semblables. Ceci comme conséquence et résultat de la complète dissolution du lien social hiérarchique, évidemment impensable entre

---

[134] Lénine en exil usa du pseudonyme de *Frey*. Référence faite à Moses Dobruchka alias Thomas von Schönfeld, alias Junius Frey, cousin de Jacob Leibowitsch Frank. Ce révolutionnaire et concussionnaire fut guillotiné à Paris le 5 avril 1794.

[135] Le poste de commandement de l'Internationale communiste (Komintern) était établi en Europe occidentale à Berlin jusqu'à l'élection à la chancellerie d'Adolphe Hitler en 1933. Puis basé Paris jusqu'à sa dissolution en 1943. Le Komintern fut l'organe d'une implacable vassalisation au PCUS des Partis frères répartis autour du globe.

égaux. Ne réunissent plus les individus que de triviales relations d'intérêts, d'échange, de prestation et de contre-prestation opportunistes, transitoires et circonstancielles. Ce qui ne préjuge pas de leur possible durée... L'errant finit toujours par poser son sac !

Égalité et Liberté, deux aspects d'une unique entité sémantique, se conjuguent dans le devoir égalitaire de solidarité et d'amour panique. Cette l'union fusionnelle va évidemment trouver son aboutissement dans l'égalité entre les sexes, les genres et toutes les transversalités, soit le mélange des genres dans et par une promiscuité de tous entre tous... La République universelle ne pouvant pleinement s'accomplir que par une complète mise en liberté (libération) des instincts, le plus social et socialisant d'entre eux étant la soif sexuelle qu'exacerbe la disparition des distances sociales et la dimension affective du lien génésique.

Le communisme ou l'échangisme des partenaires sexuels devenant la règle prévisible de ce Meilleur des mondes plus si éloigné de nous que cela (vu l'évolution des mœurs, surtout si l'on prolonge les tendances actuelles).

Cette société sera celle décomplexée dont Charles Fourrier caressait le rêve... ou celle débridée des primates bonobos qui fascine tant les élites libérées, émancipées ou dessalées de ce monde nomade que vantent les illuminés du transhumanisme, les prophètes de la réalité augmentée et certains membres de l'hyperclasse, adeptes de la rédemption par le péché[136]. Ou encore répondra-t-elle aux

---

[136] Jacques Attali 1998 *in* « Dictionnaire du XXIe siècle » p. 118 : « Tout humain deviendra un être sans père ni mère, sans antécédents, sans racines ni postérité, nomade absolu. Chacun aura le droit de former

noirs désirs de ce grand républicain et révolutionnaire que fut Donatien de Sade.

Français encore un effort pour être républicains

Si chez Lénine l'Égalitarisme totalitaire via la Terreur d'État[137] l'emporte sur la Liberté, celle-ci va au contraire se trouver surdimensionnée chez les ultralibéraux et prendre le pas sur l'Égalité. Poussée à ses dernières extrémités logiques ce libéralisme métanomique (au-delà de toute loi) conduit tout droit dans le cloaque de la philosophie politique de Donatien de Sade. Celui-ci la détaille dans une d'œuvre trop méconnue - « Français encore un effort si vous voulez être républicains »[138]- emblématique de la

---

simultanément plusieurs couples. Polygamie et polyandrie redeviendront la règle. Il deviendra licite d'avoir, avec un *clonimage*, toutes les relations sexuelles interdites à un être humain. On autorisera même aux amateurs des relations avec des *clonimages* de mineurs si l'on peut s'assurer que cela ne requiert ni ne suppose la participation d'aucun enfant réel. Onanisme et nomadisme. Onanomadisme ».

[137] Un recueil d'archives publié à Moscou en 1975 « Lénine et la Tchéka », confirme que Lénine s'est largement inspiré de la méthode de gouvernement par la Terreur de Maximilien de Robespierre. Citations : « D*ans la lutte des classes, nous avons toujours encouragé l'usage du terrorisme* ». « Œuvres » 4e édition Paris 1958/1970 volume 35 p. 275. Voir aussi le décret du 5 septembre 1918 relatif à l'instauration de la Terreur Rouge in « Décrets du Pouvoir Soviétique » Moscou 1964 p. 295.

[138] DAF de Sade (1740/1814) « *Français, encore un effort si vous voulez être républicains* » invitation pressante insérée avant le cinquième dialogue de « La Philosophie dans le boudoir ou Les instituteurs immoraux » 1795.

démence libertaire de l'auteur, mais prolongement aussi naturel qu'irréfragable du programme des Lumières.

Car les orientations que trace Donatien de Sade dans ce texte fondateur ne sont pas à proprement parler l'expression d'une folie aussi ténébreuse que pittoresque (laquelle fit les belles heures du Collège de France dans les conférences magistrales que Michel Foucault lui consacra[139]), mais celles qui sont aujourd'hui à l'œuvre, plus ou moins souterrainement, dans une société où tous les barrages de la morale traditionnelle et transcendante ont sauté avec la disparition de la crainte de l'enfer et de la peine capitale. Le « *Pizzagate* »[140] et les « *spirit cookings* » de l'entourage de

---

[139] Michel Foucault voyait dans les « 120 journées de Sodome » de DAF de Sade comme la formulation de « structures élémentaires de la sexualité ». Cf. Philippe Sabot « Foucault, Sade et les Lumières » 2015. La savante dégénérescence d'une pensée amputée de tout sens moral que représente Foucault – qui paiera d'une mort prématurée son éthylisme sexuel – s'est depuis lors diffusée par capillarité pour investir tous les étages de la société au même titre que le marxisme devenu endémique.

[140] Le Pizzagate est une théorie présentée évidemment comme *conspirationniste* et suivant laquelle sévirait ou sévissait un vaste réseau pédophile autour de John Podesta directeur de campagne d'Hillary Clinton, candidate Démocrate à la Maison-Blanche aux élections du 8 novembre 2016. L'affaire éclate au grand jour le 30 octobre 2016. Le Pizzagate débute par un *twitt* de l'avocat newyorkais, David Goldberg, révélant que la police menait une enquête sur des courriers électroniques d'Anthony Weiner, mari de la conseillère intime de Mme Clinton, Huma Abedin. Weiner, membre Démocrate de la Chambre des représentants (neuvième circonscription de l'État de New York), fut un chaud partisan de l'invasion de l'Irak en 2003 avant de démissionner en juin 2011 à la suite de divers scandales à caractère sexuel. Il est notamment impliqué dans une scabreuse affaire de réseau - « Lolita Express » - utilisant les services de prostituées adolescentes.

Mme Hillary Clinton donne une petite idée de ce vers quoi les sociétés postmodernes se dirigent à grands pas.

DMS Sade tel qu'imaginé

Et certes « *La liberté ne peut être que toute la liberté ; un morceau de liberté n'étant pas la liberté* »...

Max Stirner (1806/1856) *in*
« L'unique et sa propriété » 1844.

La morale *de natura rerum* étant une contrainte qu'il convient impérativement de miner, de désagréger puis d'abolir pour parvenir à l'ultime libération dans l'Unique et l'Indivisible corps de la République universelle. Une liberté sans partage passant par la dissolution, la décomposition et l'atomisation du corps social prélude à son Unification et qui va de pair avec celle du Marché... soit la fusion magmatique des individus et des sociétés dans l'indifférencié et l'indiscriminé. Ce qui ne transparaît peut-être pas à première vue dans la notion de Fraternité (devenue Solidarité en *novlangue* vernaculaire), ce troisième pôle angulaire de la sainte Trinité républicaine, mêle et combine le poison dissolvant d'une morbide culpabilisation compassionnelle avec le ciment alluvial du centralisme démocratique et de l'unionisme pyramidal propre à toutes les sociétés prétendument sans classes[141]...

Comprenons bien que l'Unification du genre humain sous couvert d'Unité, de Fraternité et de Solidarité ne se conçoit que comme agent de décomposition ou comme force entropique tendant à substituer au tissu social *primitif* et à ses structures organiques, une massification magmatique de l'humanité toute entière, sauf en des zones – des isolats culturels - très reculées.

Cette Unité solidaire, cette Fraternité républicaine universelle, ne peut *a fortiori*, nécessairement et rationnellement, intervenir qu'après avoir affranchi l'individu de tous liens sociaux et de toutes les appartenances qui le déterminent, l'identifient et l'inscrivent dans les spécificités identitaires... familiales, locales, entrepreneuriales, régionales, nationales, culturelles, ethniques, raciales... Au demeurant nous savons déjà que les races n'existent pas et que les seuls *acteurs* sont aujourd'hui les « groupes sociaux ». L'homogénéité ethnique n'ayant pas plus de consistance puisque nous sommes tous des immigrés (de plus ou moins fraîche date), et que les cultures nationales[142] faites de

---

[141] Des sociétés dominées par une hyperclasse cryptarchique, quelques oligopoles et une bureaucratie céleste, des consommateurs et des producteurs (catégories qui se recoupent mais ne se recouvrent pas) et la foule des déclassés et des laissés pour comptes. Trois castes à la perméabilité faiblement variable entre elles.

[142] Une phrase d'Emmanuel Macron qui fit peu de scandale à droite : « *Il n'y a pas de culture française. Il y a une culture en France. Elle est diverse* » rassemblement du 4 février 2017 à Lyon.

strates successives étrangères les unes aux autres sont au bout du compte équivalentes (les racines de l'Europe après avoir été gréco-latines et celto-germaniques, sont devenues judéo-chrétiennes puis récemment islamiques).

Retour aux sources et au réel

Les trois idées architectoniques qui forment les trois moments du concept *République* forment ce qu'il convient d'appeler une épistémè religieuse active, soit une croyance et une superstition, c'est-à-dire une structure perceptive, offrant une lecture du monde non rationnelle issue d'une mentalité prélogique. Reste que les foules sont gouvernées pas des émotions (peur, espoirs, rêves, désirs, envie, égoïsme, générosité, altruisme, colère, cruauté), autant de passions essentiellement versatiles parce que non raisonnées et relevant du cerveau dit archaïque, le lobe limbique.

La Révolution n'est pas seulement une négation du passé, elle est aussi et avant tout une négation du réel : cependant le réel ne pouvant pas durablement plier devant l'idéologie, celle-ci ne parvient à s'imposer et à se maintenir que par la seule force de la violence, du mensonge et de la corruption... jusqu'à ce que ses « contradictions » (internes ou avec son environnement) ne fasse éclater la bulle virtuelle.

À nous de procéder à un changement de paradigme et d'effectuer cet impérieux *Retour au réel*[143], un Retour aux

---

[143] Gustave Thibon (1903/2001) « Retour au réel. Nouveaux Diagnostics » 1943.

sources, sans lequel nos sociétés s'enfonceront toujours plus avant dans la décadence, la déchéance et l'abjection. Ce dernier substantif n'étant en rien trop fort pour décrire l'état de soumission intellectuelle et morale collectif qui s'est exprimée à travers les élections hexagonales, présidentielles puis législatives, du printemps 2017. Les mécanismes institutionnels qui auront permis l'arrivée à la tête de la République d'un personnage *plébiscité* par à peine 1/7ᵉ du corps électoral. L'on demeure pantois devant les prodiges d'alchimie électorale qui parviennent par les techniques avancées de la communication de masse à transmuter le néant de la représentation en légitimité dans l'exercice des pleins pouvoirs.

Il y faudra, insistons, une décisive et impérieuse rupture épistémologique permettant de resserrer la distance séparant l'indéracinable utopie résidant en l'homme – nostalgie de l'Eden primitif et espérance en son retour – du réel dans toute son intransigeante vérité.

La science procède de la même manière, allant de représentations approximatives en explications erronées, cherche et chemine d'hypothèses en hypothèses, se rapprochant ou s'éloignant en quête d'une image plus parlante ou plus exacte de l'objet dans son enchâssement au sein du cosmos. Et certes nous ne parlons plus de la génération spontanée des micros organismes depuis que nous en connaissons la genèse…

Quant à l'organisation sociétale, deux siècles de guerre civile froide suffisent. Il est temps de changer notre vision du monde, de sortir de la mentalité paralogique[144] ou prélogique[145] sur laquelle s'est greffée l'épistémè révolutionnaire. Sachant que le *primitif* de toutes les latitudes, races, classes sociales et époques, continuera d'être insusceptible à se penser et à se voir (à se réfléchir) dans le miroir d'un monde complexe aux images ambiguës et souvent déconcertantes, pour peu que le *système* (et les classes dirigeantes qui le composent et en tirent leur substance) n'amorce pas un retour au sens commun.

La distinction ne se situe pas comme le pensait l'anthropologie d'entre les deux Guerres, entre société modernes et cultures archaïque (distinction que reprennent implicitement les progressistes d'*En marche* par leur mépris à peine déguisé des ruraux, de ceux d'en-bas et de la France périphérique), mais au cœur même des sociétés qui se prétendent orgueilleusement évoluées. Sociétés en réalité postmodernes dans le pire sens du terme, et involutives eu égard à l'effondrements spirituel et culturel qu'elles connaissent, notamment en raison des contre-sélections sociales qui les affectent. Une sélection qui privilégie les plus grégaires, les plus mimétiques, les plus bipolarisés, les plus *reptiliens*, les plus aptes à se couler dans le moule du conformisme, mais aussi les plus appétents au jouir sans limites, les plus indifférents, les plus égotistes, les plus lâches, toutes vertus cardinales pour qui veut survivre et prospérer au sein des termitières humaines.

---

[144] Louis Rougier (1889/1982) « Les paralogismes du rationalisme » 1899 (publié en 1920).

[145] Lucien Lévy-Bruhl (1857/1939) « Les fonctions mentales dans les sociétés inférieures » 1910.

Prenons un exemple de déstructuration mentale et de régression vers le prélogique : dans nos sociétés en voie d'alzheimerisation accéléré, la relation de causalité s'efface de plus en plus parce que diamétralement contradictoire avec la doxa politiquement correcte. Pour prendre des exemples schématiques, il n'existe évidemment pas de relation entre délinquance et familles décomposées, entre la violence et la pornographie étalées quotidiennement dans les custodes télévisuelles, entre effondrement du niveau scolaire, criminalité en croissance exponentielle et invasions migratoires extra européennes. À chacun de chercher des illustrations à ce constat dans son environnement familier.

La pensée primitive, mystique par essence, se fonde sur un ensemble de mythes qui assurent la cohésion du corps social dans un rapport indirect au réel. Le drame des sociétés contemporaines est qu'elles regardent comme des Lois naturelles et absolues des mythes qui sont autant de déités impérieuses, intolérantes et jalouses. Déités incorporelles que l'écart grandissant entre virtuel et réel dans un monde submergé d'images (lesquelles construisent un perception synthétique et non analytique), renforcent sans qu'ils soient loisible de les dénoncer pour ce qu'elles sont, des bulles vénéneuses sorties de l'esprit humain et qu'ils seraient vitalement urgent de remettre à leur juste place avant que n'interviennent les grandes ruptures sociétales qui s'annoncent... les grand accouchements de l'Histoire à l'instar des *corrections* sur les marchés financiers et des grand krachs qui s'ensuivent, se faisant très généralement dans la douleur la plus vive.

Combien de temps faudra-t-il encore à nos sociétés en perdition pour atteindre le seuil d'intolérance voire le point de rupture ?

La République en Marche… vers l'abîme

« Laissez-les. Ce sont des aveugles qui guident des aveugles. Or, si un aveugle guide un aveugle, ils tomberont tous deux dans la fosse »
Mathieu 15/14 - Luc 6/39)

Pieter Bruegel l'Ancien - La Parabole des aveugles - 1568

Le Retour aux Sources éditeur

EDITIONS LE RETOUR AUX SOURCES

L'imposture du sauveur
AMÉRICAIN
1917-1918 / 1941-1945

Un ouvrage passionnant qui balaye de nombreux clichés
et rétablit des vérités historiques méconnues

EDITIONS
LE RETOUR AUX SOURCES

HISTOIRE DE L'ARMÉE FRANÇAISE

des origines à nos jours

L'armée française a souvent occupé
la première place en Occident

Certains de ses chefs militaires ont marqué le monde par leur génie tactique et stratégique

EDITIONS
LE RETOUR AUX SOURCES

Histoires extraordinaires

de la

FRANCE MYSTÉRIEUSE

À travers ces histoires extraordinaires, c'est toute l'histoire d'un pays de
tradition de liberté et de coutumes que cet ouvrage nous invite à revisiter

ÉDITIONS
LE RETOUR AUX SOURCES
LES MÉTHODES INFAILLIBLES DE CHARLES SANNAT

INVESTIR DANS L'IMMOBILIER

Le patrimoine immobilier tient une place toute particulière dans le cœur des Français

ÉDITIONS
LE RETOUR AUX SOURCES
LES MÉTHODES INFAILLIBLES DE CHARLES SANNAT

MARRE D'ÊTRE PAUVRE / DEVENIR RICHE

Oui, il existe des techniques, des méthodes et des moyens
pour devenir riche et vivre dans l'abondance...
Avoir à nouveau une France forte et conquérante est
largement possible, mais pour cela, et parce que le monde a changé,
les vieilles recettes n'ont plus aucun sens.

ÉDITIONS
LE RETOUR AUX SOURCES
LES MÉTHODES INFAILLIBLES DE CHARLES SANNAT

TROUVER UN TRAVAIL OU EN CHANGER

Imaginez qu'en tournant les pages de ce livre,
vous découvriez un monde totalement inattendu...